AF461131

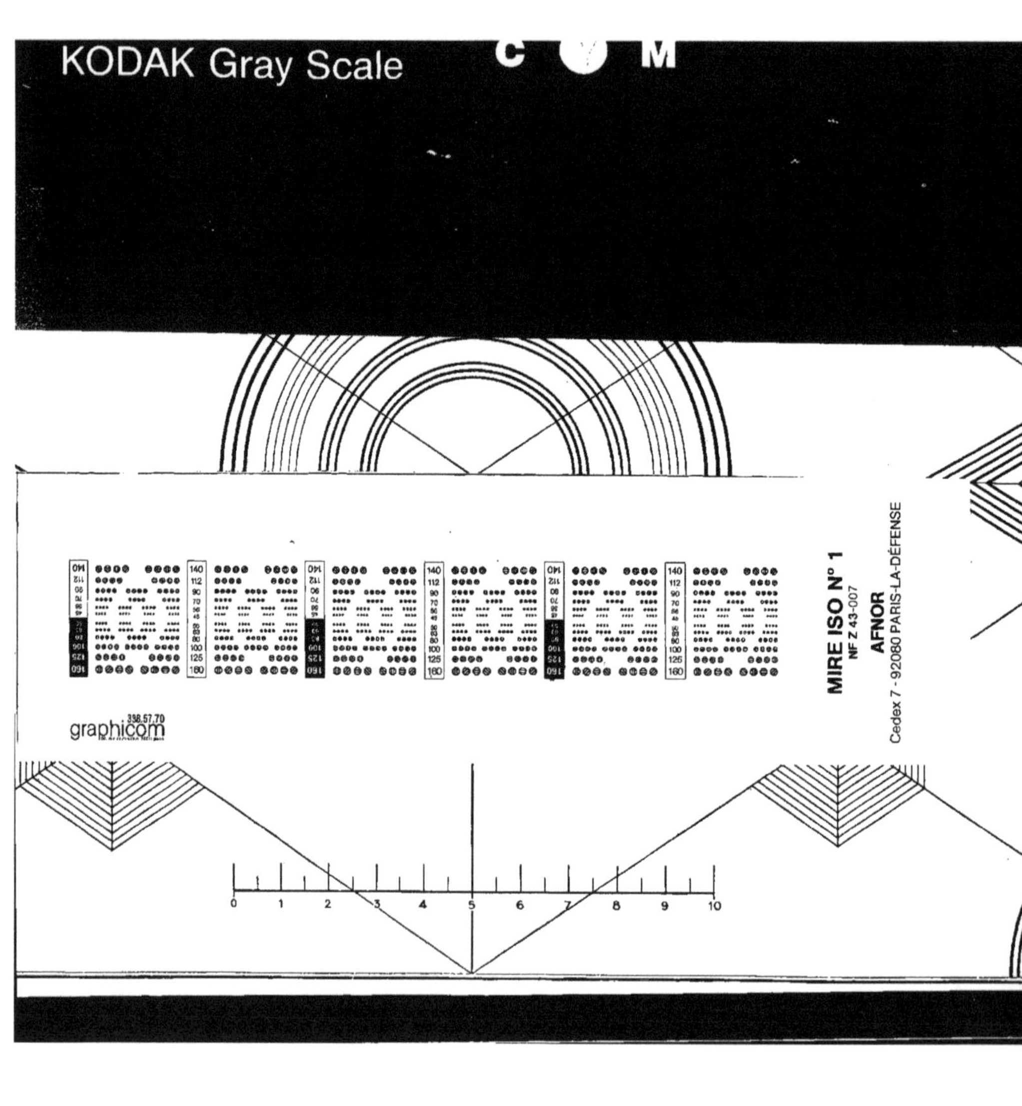
KODAK Gray Scale
C M
MIRE ISO N° 1
NF Z 43-007
AFNOR
Cedex 7 - 92080 PARIS-LA-DÉFENSE
graphicom

CE DOCUMENT A
TEL QU'IL

LE PETIT VAPEREAU

LANTERNE

BIOGRAPHIQUE ET SATIRIQUE

PAR THÉODORE LABOURIEU

PARIS. — TYP. WALDER, RUE BONAPARTE, 44.

LE

PETIT VAPEREAU

LANTERNE

BIOGRAPHIQUE ET SATIRIQUE

ROCHEFORT (HENRI). Un signe des temps! Ce député, vaudevilliste et chroniqueur, a été porté à la crète de la Montagne par la rancune du peuple.

L'empire, c'est moi, s'est dit le Pouvoir personnel, issu du suffrage universel; le *vox populi* a répondu au souverain des Tuileries en lui opposant son nouveau souverain des Faubourgs.

Un jour, Catilina et César se sont rencontrés, de leurs points extrêmes; ils n'ont pu se regarder sans rire.

Nous sommes à une époque ou l'anachronisme grotesque et le genre bouffe dominent : au théâtre des Variétés comme au Palais du Corps législatif, voilà pourquoi Rochefort est député.

Rochefort (Henri) est né en en 1832, un jour d'émeute; il est sorti de l'administration pour avoir écrit son premier article *dissolvant* dans le *Charivari*.

Mais l'esprit fulminant du rédacteur de la *Lanterne* détonait trop dans cette gazette à *images* à l'usage des libéraux de 1825, des paisibles républicains, notables commerçants de la rue Charlot, ou habitués du café Turc.

Et Rochefort fut renvoyé à la carrière de son père, grand écuyer et faiseur d'à-propos de la cour du roi Charles X.

Les vaudevilles de ce député ont un entrain furibond.

Bientôt Rochefort déserta le théâtre, comme il avait quitté l'administration, pour être tout à la fougue de son tempérament de démon.

Il se fit le chroniqueur, sans peur, du *Soleil* et du *Figaro*; ses chroniques sentent la poudre.

Là encore il avait un maître, son rédacteur en chef; il s'en affranchit pour ne plus connaître qu'un despote : *La vindicte publique.*

Ses livres : *La grande Bohême*, *Les signes des temps*, *Les Français de la décadence*, par leurs railleries mordantes et pleines d'âpreté, ont préparé l'apparition de la *Lanterne*.

Ce grand redresseur de torts politiques n'est cependant qu'un libre esprit; ce n'est pas encore un libre penseur.

Il n'est si populaire que parce qu'il s'est fait le représentant de l'esprit gouailleur de la population parisienne.

Il n'est si terrible que parce que la société est malade, que parce qu'il en est la personnification irritée, agacée et sinistre.

Rochefort, tempérament bilieux et malingre, cœur généreux, aux battements inégaux, esprit ardent, mais fiévreux, reste le type générique du souffre-douleur parisien.

Le Parisien a acclamé Rochefort parce que son cynisme répond à son effronterie.

La lanterne du moderne cynique n'a brillé d'un si vif éclat que parce que, à l'encontre de la lanterne du fier interlocuteur d'Alexandre, elle a trouvé son homme dans le nouveau César, non pour l'honorer, mais pour le braver, pour se venger sur lui de toutes nos misères.

La popularité de Rochefort provient de ce que ce député *parvenu* a mis la politique à la portée de son public, traitant les questions d'Etat dans le langage du *Tintamarre*, ne craignant pas de faire un pied de nez aux marches du trône, et de crier jusque sur les dégrés du Palais législatif : De quoi ? Des ananas ! (Style Hervé.)

La physionomie de Rochefort, si caractéristique par son ovale irrégulier et fantastique, son front de satyre, sa barbiche pointue, est tout l'opposé du masque régulier des Césars.

On dirait la figure satanique du petit homme rouge des Tuileries.

Cependant, Rochefort n'est qu'un homme, mais un homme rare, à notre époque d'affaissement moral.

« Rochefort, dit le *Plutarque populaire*, crie et « proteste seul au milieu d'une génération qui se

« rue à la conquête du veau d'or; c'est la chevale-
« resque incarnation de l'oubli de soi-même. »

A aucune époque, on n'aima les gens qui firent sortir la Vérité de son puits; Rochefort l'en a fait sortir, on l'en a puni en mettant entre la Vérité et lui les barreaux d'une prison.

Conséquence : le courtisan l'exècre, le bourgeois le craint, le peuple l'adore.

—

ABOUT (Edmond). — Uue girouette qui grince à tous les vents ! About se compare à Voltaire; il lui ressemble comme l'ancien acteur Gobert ressemblait à Napoléon Ier..... quand il avait ôté son faux nez.

Ce n'est qu'un Frontin d'esprit travesti en penseur.

Ces jeunes gens de la rive gauche l'ont joliment reconduit de l'Odéon à la rive droite; il se souviendra de *Gaëtana.*

Un soir de la dernière représentation de cette pièce célèbre, au moment où le héros jette cette réplique à son rival : « Mais comment pourrai-je donc bien me « venger de cet homme? » Un étudiant cria du parterre :

— Eh bien ! Fais comme on a fait à About, flanque-lui des coups de poings !

Ces messieurs de la rive gauche ont eu tort de si fort houspiller About. L'auteur du *Cas de M. Guérin*; *du faux nez du notaire*, *de Madelon*, *de Germaine*, n'est, après tout, qu'une *Sophie Arnould* déguisée en homme.

On ne bat pas les femmes !

Sophie, — About a le sang pauvre, mais il a des nerfs, du style, du trait et du *chien*. Sa phrase pétille comme du champagne; elle s'évapore aussi vite que le vin de la veuve Cliquot.

L'auteur de *Germaine* laisse croire parfois qu'il a de la pensée, mais c'est lorsqu'il a bien écouté aux portes, et qu'il a pu trouver des habits de *maître* à sa taille.

About n'est pas un rayon, c'est un reflet.

Quand il est penseur pour son compte, il est odieux; il a des pensées comme celle-ci : « Les « chefs de l'école dramatique sont moins aujour- « d'hui des têtes de colonne que... des *chaises percées.* »

About, déguisé en penseur, c'est l'homme des contes d'Hoffmann à qui l'on a dévissé la cervelle ; et il fait froid à voir comme Rocambole !

Ecrivain fantaisiste, c'est la queue de Voltaire; écrivain politique, c'est la queue d'Ollivier !

—

ACHARD (Amédée). — Un nouveau romancier de cape et d'épée, à cent pieds au dessus du niveau littéraire du doux Berthet. Il se lit et s'oublie comme bien d'autres. Son chef-d'œuvre est la *Chasse Royale*, publiée dans le *Constitutionnel; Belle Rose* vient après, un roman très-estimé dans la manière Régence, — Amédée Achard.

Cet écrivain est très-moral quand il traite des sujets contemporains; il est audacieux d'immoralité quand il se plonge en pleine régence. L'Achard du

Moniteur fait rougir l'Achard du *Journal pour tous.*

L'estampille respecte les écarts de cet ex-mousquetaire gris, en raison de ses vertus littéraires, une fois qu'il redevient bourgeois en perruque.

Ses derniers romans dans le *Moniteur* sont d'une nuance tempérée ; la Société des gens de lettres songe, pour cela, et en concurrence avec le tempéré Paul de Musset, à lui offrir le fauteuil présidentiel.

Palsambleu ! marquis, tu n'auras pas ma voix.

—

AUGU (Henri). — Vert-Galant de l'ancienne maison Havin, colza du *Siècle.* Il abrite ses manuscrits et le *délégué* Gonzalès sous les plis de son long manteau ; au moral, l'ange gardien de Gonzalès ; au physique, Melingue trapu !

—

ABRAHAM. — Vert-Vert ! l'Entr'acte !!...
Marrrr... chand de lorgnettes !!!

—

ALTAROCHE. — Ecrivain sagace, auvergnat et économe, calomnié par Lacenaire, le plus camard de tous les hommes de lettres, quoique ayant le nez creux. Directeur du *Charivari*, qui le fit député, ancien directeur de l'Odéon, qui l'a fait millionnaire, qu'a-t-il fait ? Un peu de prison,— juste ce qu'il faut pour devenir un homme politique ; — une toute petite chanson,—juste ce qu'il faut pour rester homme d'esprit ; — encore la malignité publique attribue-t-elle sa chanson à Lacenaire !

AMEZEUIL (D.). — Gentilhomme de lettres breton, et qui, chose rare, ne ressemble pas à... son domestique. Il court les nouvelles dans les loisirs que lui laisse sa place au *Crédit foncier*. Il écrit des volumes d'*Amour*, à couverture beurre frais. Il ne pratique pas l'amour, il en cause; très-disert et très-décoré.

—

ANCELOT (VIRGINIE). — Virginie n'a plus son Paul ! Elle le pleure depuis vingt ans, de la place où elle vit disparaître Paul, englouti sous les eaux. Elle n'a plus d'esquif pour voguer sur la mer perfide; dans sa douleur, elle erre, le chapeau de Paul à la main, autour de la place du vieux Vaudeville, qui s'est englouti à son tour, *campos ubi Troja fuit!* Après Paul, Virginie Ancelot pleure encore ce vieux vaudeville-régence, poudré à frimas et à littérature d'eau tiède, dont Virginie Ancelot est demeurée l'inutile incarnation.

—

AUGIER (EMILE). — Dans toutes ses œuvres dramatiques, on retrouve l'auteur de la *Ciguë*. Ah ! si Augier avait de la conscience, de la sensibilité, de la puissance dans l'action, de la mélancolie dans l'esprit, il ferait concurrence à Molière!

Mais son esprit est un fouet à grosses lanières, ses pièces sont des sermons au diable ! Ce n'est ni Térence, ni Molière, l'auteur de *Maître Guérin* et de *Paul Forestier*. Non, c'est Arêtin qui a mis une feuille de vigne à sa muse.

Grattez l'épiderme d'Emile Augier, effacez le brillant de ses mots, vous retrouverez le pourceau, le grand-père dans le petit-fils de *Pigault-Lebrun!* Mauvais sang ne peut mentir!

—

AURIAC (E. D'). — L'homme des éphémérides! Des éphémérides, il en met partout, cet exécrivain du *Siècle!* Il regrette que les jours n'aient pas deux fois douze heures, les mois deux fois trente jours, pour les bourrer encore de faits et de dates! Il fourre des faits et des dates jusque dans sa tabatière, il marque son linge avec, il en a dans tous les coins de son mouchoir. A part cette monomanie féroce, c'est le plus doux, le plus affable de tous les bibliothécaires de la rue Richelieu, qui ne le sont guères!

—

ANDREI (A.) — Mon jeune complice dans plusieurs machines à romans populaires et sanguinolents; depuis, une des fortes colonnes du journal la *Comédie*, en sa qualité de critique, de savant, sans en avoir l'air, de numismate, de peintre, d'archéologue qui voi tout, entend tout, sait tout et n'en est pas plus fier. Si l'enfant continue, il finira par écraser celui qui l'a lancé dans la carrière.

—

AZEVEDO. — *Rossini* est mort; que va devenir le critique anti-Meyerbeer? Que fera-t-il, au rez-dechaussée des journaux, de la guitare en l'honneur du feu maestro? Eh bien! qu'il la rentre dans son armoire; c'est ce qu'a de mieux à faire ce critique lourd et filandreux qui connaît toutes les machines de la musique sans en comprendre l'âme.

Azevedo, gros petit homme, brèche-dents, pâteux et à lunettes, critique à courte-vue et qui mord mal.

—

ALOPHE. — C'était un artiste, ce n'est plus qu'un photographe. *Il opère lui-même*, comme Nadar ou Pierre Petit! Il tient boutique au-dessus de la photosculpture; ne pas confondre avec la boutique au-dessous, dirigée par *monsieur* Clesinger; encore un dieu déchu! Devant le temple bleu d'Alophe, la cage rouge de Nadar, le palais de confiseur de Clesinger, on se demande où est l'art?

Décidément, les artistes n'ont plus rien à eux : ni le soleil mis en chambre noire, ni la nature refaite et contrefaite dens des squares. Le char d'Apollon est traîné par Mercure; tout le monde pousse à la roue, les dieux s'en vont! Plus d'artistes! Tous photographes!

—

ALPHAND.—Un ingénieux ingénieur de jardin, cet ancien lieutenant de M. Haussmann, il aligne, numérote la nature de Dieu tout comme son capitaine a *débâti*, dénuméroté les maisons de nos pères! Alphand a inventé un nouveau bois de Boulogne, un jardin en zinc! La nature d'Alphand se compose d'une grotte, d'un ruisseau, d'un arbre et d'un kiosque, et il répète partout, — du bois de Vincennes ou bois de Boulogne, — la même grotte, le même ruisseau, le même banc, le même kiosque et le même arbre de squares. J'aime mieux les forêts vierges.

—

ARGENT (YAN D'), peintre breton, qui a la palette aussi argentée que son nom, un fantastique et un mystique. En sa qualité de Breton blond, D'*Argent* n'aime pas le *Doré*, c'est naturel.

—

ARBAN. — A mettre en lettres de flammes sur le portique de *Valentino* : Au chef d'orchestre des crevettes, les petits crevés reconnaissants!

—

ARNAL. — Un grand comédien qui a perdu la mémoire; où sont les héros de *Riche d'Amour*, d'*une Clé dans le dos* et de *Passé Minuit*? Que sont devenus ces écrins de l'esprit où Arnal enchâssait chaque perle dans un trait qu'il soulignait avec un art dont il n'a plus souvenir? Où sont les neiges... d'antan?

—

ARVEUF. — Un architecte artiste, presque un merle blanc, un décorateur de goût, chose de plus en plus rare, il n'a pas construit le nouvel Opéra, pas si bête.

—

AUBER. — Figure pétillante d'esprit, labourée de rides où se croisent tous les traits de la satire. Lui aussi est resté jeune, quoique de 1782. Le socle de son buste n'attend que la date de sa mort, c'est-à-dire la fin de sa quatrième jeunesse, sur la façade du nouvel Opéra : Singulière flatterie! d'un autre côté, les flatteurs de la presse le font si jeune qu'ils finiront par le faire tomber en enfance.

La jeunesse du vieil Auber finit par devenir une *rengaîne.*

En 1819, Auber fait *les Billets doux, la Promesse imprudente.* La critique pose Auber en un pourfendeur de jésuites.

En 1830, il fait la *Bayadère,* la *Muette, Fra Diavolo* en compagnie de Scribe! Vive la forte génération de 1830! En 1837, paraît le *Domino noir.* A bas le drame échevelé! Vive l'esprit pour l'esprit! Enfin, 1864, voici la *Fiancée du Roi de Garbe,* la *Circassienne,* puis le *Premier Jour de Bonheur.* Scribe est mort? Alors, à bas l'esprit bourgeois! à bas les vers de mirliton de la rue des Lombards! vive le véritable esprit, l'esprit du cœur! l'esprit d'Auber, bien entendu.

Pourquoi Auber qui a tant d'esprit n'a-t-il pas celui de régler les imprudentes flatteries de la jeunesse? Parce qu'il a aussi tous les travers d'un vieux lion de la mode, parce qu'il n'est lui-même qu'un grand musicien d'esprit.

Quelle différence avec Hérold! Puisque les fervents d'Auber tiennent toujours à sacrifier une victime sur l'autel de leur dieu; à notre tour, retournons l'autel, le sacrificateur et le dieu,

L'auteur du *Premier Jour de Bonheur* passera plus vite que Voltaire et le café, l'auteur du *Pré aux*

Clers durera aussi longtemps que ces poisons lents.

Hérold, c'est l'amour qui tue; Auber, c'est l'amour qui chante.

L'un porte un carquois de flèches empoisonnées et la robe de Nisus; l'autre, un mirliton enrubanné de faveurs, et un manteau d'Arlequin! Hérold, géant, Auber, gamin!

—

AUDIFRED (Marquis), sénateur, membre de l'Académie des sciences morales et politiques.

—

BERNARD (Martin). — Lieutenant de Barbès, chef encore debout de ces héros patriotes qui, en mai 1839, attaquèrent le poste de la Conciergerie et faillirent renverser un trône de huit ans.

Ils se comptent aujourd'hui ces patriotes d'un autre âge, comme les Martin Bernard, Mialhon, Martin Noël; ils ne sont pas encore remplacés ces soldats de Barbès et de Blanqui, dont le sang s'est répandu sur tous les chemins de la liberté.

Notre siècle rapetissé n'ose railler ces géants démodés qui n'ont pas plus changé de couleur que de conscience.

Martin Bernard était, lui, du *Comité des Saisons*, comme les Mialhon et les Noël.

Tous ces Don Quichotte du droit, tous ces amants naïfs de la liberté portent aujourd'hui les peines de leurs confiantes amours. Ils ont payé de l'exil, de la prison, de la mort obscure leur stérile héroïsme !

Ce sont des géants terrassés sur la Montagne de 92, des Prométhées enchaînés dont l'ombre, en se projetant jusque sur nous, étonne et effraie encore.

Ils n'ont vécu que pour nous survivre, que pour préparer notre avenir. Comme ces restes imposants de l'antiquité, ils font honte à notre présent chétif, par les grandeurs qu'ils rappellent.

Nés avec le siècle, les Martin ont été étrangers à ses tressaillements, à ses retours, à ces faiblesses ; la générosité de leur cœur, l'élévation de leur esprit n'ont rien souffert de l'égoïsme de ces milliers de petits ambitieux se hissant jadis sur leurs épaules de géant!

Les Martin Bernard ont préparé 1830 pour faire une république qui ne donna qu'un roi; ils ont combattu en 1839 pour rattraper cette république, et ils n'ont fait que consolider un trône; ils ont pris au sérieux la révolution de 1848 qui n'avait été imaginée que pour composer une parade ministérielle; et au moment où ces Titans essayaient de donner enfin à la République le monde pour patrie, les nains leur rouvraient, au nom de la Liberté, les portes de leurs prisons perpétuelles.

Une royauté les avait emprisonnés, une république les réemprisonna.

Condamnés, toujours condamnés, par des juges qui d'abord les avaient appelés des frères, les Martin-Bernardse sont élevés encore plus haut sur nos petitesses.

Les uns en Belgique et les autres en Hollande méditent sur le néant des révolutions avortées. Ils n'ont pas changé quand tout est changé autour d'eux : montagnards, ils sont restés montagnards sur leur montagne accouchant d'une souris. Des hauteurs où ils se trouvent ils ne voient pas ce qui se passe à leurs pieds ; ils ressemblent à ces pyramides des bords du Nil contre lesquelles s'arrêtent ses débordements fangeux ; la boue qui les salit ne les atteint qu'à la base, en préservant, et protégeant encore tout un grand pays.

Hommes à l'âme de bronze et au cœur d'or, les Martin Bernard restent de près comme de loin ce qu'ils sont : sentinelles avancées des peuples sans frontières, de l'humanité sans priviléges. Leur gloire n'est pas de leur temps, leur vérité n'est plus celle de notre monde. Ils ne salueront pas, hélas! la terre promise.

—

BARROT (Odilon). — Un petit dieu déchu ! Il a été soleil, une heure ; ministre, un jour ; il a été pendant dix-huit ans la gloire des bourgeois. Il a préparé une révolution, abattu un trône, soufflé sur tous les feux pour faire cuire son œuf, et tout ce que ce Catilina du barreau avait préparé s'est tourné contre lui, il n'a pas mangé l'œuf qu'il avait pondu. Météore du 24 février, ce grand homme n'est en réalité qu'une nébuleuse ; de loin, géant ; de prés, néant. Il cultive encore aujourd'hui l'*Ollivier*, en intriguaillant dans les salons du ministre du second empire ; il cultive aussi les lauriers et les roses dans sa villa de Bougival. C'est un Lafayette chauve devenu perruque.

GUSTAVE FLOURENS.

PARIS. — TYP. WALDER, RUE BONAPARTE, 44.

FLOURENS (Gustane). — Pas si farouche, au physique, qu'on pourrait le supposer, ce terrible montagnard qui voulait faire suivre au corps de Victor Noir le chemin de Paris.

Cependant, il ne faut pas se fier, non plus, à la nature délicate et efféminée de Flourens : c'est un volcan sous la neige, un amant ardent de la liberté, un fanatique !

Tout dans sa personne, qui le croirait encore, est aristocratique ; il a une main de duchesse, il a la parole caressante et timide ; il est si timide qu'il n'ose ni parler, ni marcher !

Mais que l'oppression se montre, qu'elle jette un défi à l'opprimé, et Flourens sort de sa gauche enveloppe ; son cœur éclate, sa voix tonne, son corps d'acier se détend et menace, Flourens devient.... lion !

Lorsque tant de renégats sont sortis du peuple pour aspirer aux plus hautes sphères administratives, Flourens, fils aîné d'un pair de France, d'un membre de l'Institut, est descendu du sommet des sphères officielles pour se faire... citoyen.

Chose plus rare encore, Flourens s'est fait pauvre pour se faire pardonner d'être né riche et pour être baptisé rédempteur du monde opprimé.

Comme Byron, mais avec moins d'égoïsme et d'âpreté, il est allé en Grèce pour secouer le joug des Turcs.

Et comme tout est contraste dans sa vie, il a délivré un couvent assiégé par seize mille Turcs. Pourtant Flourens ne peut être pour le pape ?

Et lui qui a fait vœu de pauvreté, il a prêté un

jour deux cents francs aux Crétois délivrés par son courage.

N'est-ce pas encore Flourens, lui qui encourageait à Paris les citoyens à marcher sur l'armée, lui l'ennemi acharné de l'oppression, n'est-ce pas lui qui, au club de la Villette, a protégé de sa poitrine un agent effaré ?

Et Flourens, cette nature aristocratique, ce prêteur d'argent des Crétois, ce protecteur d'un agent de la force publique, Flourens a donné sa démission de rédacteur du journal *la Marseillaise*, le jour où la rédaction n'a pas voulu de la révolution immédiate.

Si tout est contraste dans les allures et la vie de Flourens, c'est parce qu'il a l'âme d'un héros, l'esprit d'un penseur, le cœur d'un artiste.

Flourens, c'est la réincarnation de Barbès.

Flourens est une nature droite et ferme... comme le peuplier, dont il est le symbole vivant.

Hélas ! le peuplier monte trop haut dans le ciel, il est trop près de la foudre, et les plantes rampantes le font trop souvent dépérir à sa base.

Pourvu que la foudre n'écrase pas aussi Flourens, pourvu que le parasitisme ne le ronge pas jusqu'au cœur !

Il en est tant mort, de ces arbres de la liberté!

—

ASSOLLANT.—Un tempérament! Il écrit des nouvelles qui sont des petits chefs-d'œuvre, quand on ne veut plus de chefs-d'œuvre! Il croit à la littérature, quand on ne veut plus de littérateurs; il rédige des articles politiques qui sont des articles de philosophie; il croit à la paix universelle; c'est un homme de sentiment tombé dans le monde de Machiavel; il rêverait le paradis dans l'enfer de Dante.

L'innocence de ses pensées est revêtue d'un style sec et dur comme une pierre à fusil; qu'importe! si l'étincelle en sort.

—

ARAGO (ETIENNE). — Un vétéran de l'honnenr des lettres.

Ici le rire est impuissant, ma satyre en terre cuite se brise contre cet homme de granit! il me rappelle toute une famille, grande par le cœur, imposante par le génie. François Arago, de son observatoire, a fait le tour du globe céleste. Jacques Arago, sur le pont de l'*Astrolabe*, a fait le tour du monde. Etienne Arago, de son journal la *Réforme*, n'a fait, lui, que le tour de l'hôtel des postes.

—

ASSELINEAU (CHARLES). — La plus forte tête d'un ancien journal connu de tous les rats de la Bibliothèque : l'*Athenæum*; écrivain brun, consciencieux, et constamment *agacé*, portant depuis un quart de siècle le même chapeau pointu, la même cravate blanche; demi-fantaisiste, demi-bohémien, demi-savant, il lorgne un quart de fauteuil autour des Quarante. Depuis un quart de siècle, il tire le cordon à la porte de leur vieille maison. Un des donneurs d'eau bénite de l'Institut.

—

AUBRYET (Xavier). — Ancien conscrit de l'armée *rutilante*, fameux rapin de l'école Théophile Gautier et Saint-Victor! aussi bon lexicographe que l'auteur du *Capitaine Fracasse*, il fait jouer à la langue française des tours de bâton et d'équilibre à rendre jaloux le bâtonniste Pradier. Xavier peint si bien, il a des tons si lumineux que ses lecteurs en ont des bluettes et des vertiges. Lire de l'Aubryet, c'est recevoir dans les yeux le reflet d'une glace de vitrier. On peut en devenir aveugle, en mourir ou n'y rien comprendre; un des moindres maux causés par Aubryet ou par ses maîtres de l'école styliste et rutilante. — Son nom est Aubriet, par un i, assure Quérard, mais Arsène Housset, dit Houssaye, lui a fait changer son i en y grec. Le blond Arsène affectionne cette pénultième lettre de l'alphabet.

Pour l'amour de l'y grec souffrez qu'on vous embrasse!

—

AUDEBRAND (Philibert). — Un écrivain qui se voûte sous le poids de ses souvenirs de 48; de la génération de ces hommes, dont on ne veut plus; trop jeune de cœur, pas assez de gilet en cœur et pas du tout, oh! mais pas du tout... *Petit crevé!*

—

AUGUEZ (Paul). — N'est-il pas homme du monde?

—

AULNAY (Alfred d'). — N'a-t-il pas été comédien?

—

AVENEL (Paul). — Quant à l'auteur du *Pied qui remue*, ce n'est pas dans la cervelle que *ça le démange!*

—

AUDOUARD (Olympe). — Fière amazone de lettres Un jour elle jetaun cri de guerre à notre sexe dans son livre rouge : *Guerre aux hommes!* Depuis elle a fait la paix.

—

ALBERIC SECOND. — Un ex-jeune premier du petit journalisme, qui a pris du ventre; trop bon garçon pour se faire craindre, pas assez spirituel pour *faire la bête*, pas assez ingénieux pour se mettre dans la peau des Midas de son temps.

Il eut une fois une chance, l'unique! Encore parce qu'on l'avait pris pour un autre.

Un jour, chez le maréchal V...., un auguste personnage aperçoit l'auteur des *Petits Mystères de l'Opéra*, de la *Jeunesse dorée*; il regarde avec persistance Albéric, ce grand gaillard moustachu, rond et d'aplomb comme un *cent-garde*.

— Quel est cet officier? demanda l'auguste personnage au maréchal. Pourquoi n'est-il pas décoré?

— Parce que cet officier, répond en souriant ce dignitaire, n'est qu'un maréchal... de lettres.

Bientôt l'auteur de *Voltaire à Ferney* recevait le titre et le brevet de chevalier de la Légion d'honneur, mais un financier qui sollicitait en vain le ruban; et auprès duquel Albéric demandait un emploi, lui retirait tout espoir de rentrer dans son administration.

En sa double qualité de bon garçon et de bon vivant, Albéric a fermé les yeux de tous les *morts* illustres de son temps. Aucun n'a songé à le coucher sur son testament. Il en est réduit à faire son lit dans le désert de l'Odéon, à titre de commissaire !

Ainsi finit un homme d'esprit qui n'a pas l'esprit des bêtes : le savoir-faire.

Il y a quelque quinze ans, il publia à la *Libraire nouvelle*, — en même temps que son ami Lurine faisait paraître : *Ici l'on aime!* — un volume intitulé *Contes sans prétention*. Après la mort de son ami, Nestor Roqueplan disait : C'est depuis qu'Albéric a perdu Lurine qu'on n'ose plus afficher ses *Contes sans rétention*, et qu'on les appelle *Contes sans prétention*.

—

AIMARD (Gustave). — Oh ! le joli farceur que l'auteur des *Cascades de Francastor* ; Il nous a fait des Contes Américains empruntés aux vieux romans Anglais. Si on laissait faire ce trappeur d'Ambigu-Comique, il prouverait, l'espingole à la main, qu'il a pris et découvert à lui seul les deux Amériques.

La vérité est qu'il a fait le tour de leurs côtes sans être jamais entré dedans !

Ses *Trappeurs de l'Arkansas* ont de faux nez, ils sont faux teint, et pourraient s'appeler les *Trappeurs de l'Alcazar*; ses *Rôdeurs de frontières* pourraient, sans trop s'altérer, se désigner sous le nom de *Rôdeurs de barrières*. Les romans d'Aimard ont eu un énorme succès, parce que tout ce qui est usé dans le drame français sert encore dans le drame du Nouveau-Monde ou de l'autre côté du détroit.

Jean la Poste et *l'Abîme* ont eu deux cents représentations parce qu'ils avaient passé la Manche, et qu'ils étaient de vieux habits français retournés !

Les *Trappeurs* ont eu vingt éditions, parce que leur auteur, *sans le savoir*, les avait rendus à leur première patrie ! parce qu'ils revenaient tout *bêtement* de l'océan.

Tout ce qui a traversé la mer a du reste un *sel* nouveau pour les Béotiens de Paris : Les œuvres d'Aimard, après leur retour d'Amérique, déjà *dénationalisées*, pouvaient donc se dispenser d'être écrites en français !

Cela n'en valait que mieux; cela ne faisait que leur donner un plus beau vernis exotique.

Aussi leurs fautes de langue et de logique, leurs exagérations bouffonnes, ont-elles passé pour de l'originalité sous la plume de ce Franco-Améri-cain, qui possède de l'intérêt à la façon du zouave noir. Aimard est Français comme vous et moi. C'est un ancien enseigne de vaisseau déguisé en trappeur pour se pousser écrivain et traduire en style de fantaisie les romans d'Anne Radcliffe. Or, tout est faux chez l'auteur des *Cascades de Francastor* : son espingole, sa grande barbe, sapeau de bête, empruntée à un arsenal de photographe. Ce qui est vraiment amusant, c'est sa pose *sérieuse* dans son costume de Chicard, — franco-espagnol-américain.

En réalité, Aimard est un bon bourgeois, un pompier de Nanterre déguisé en Peau-Rouge.

ALPHONSINE. — C'est ça qui aime l'art pour l'art et qui vous trousse un rôle sans en avoir l'air! Le paradis des titis est à elle. On a beau faire des théâtres bien stupides et bien froids, elle les réchauffe de son éblouissant sourire et de son entrain du diable!

Feu Lambert Thiboust, un autre bon enfant, l'a sacrée bonne enfant. dans cette chanson dont la musique est de mon ami Daniel Dugenne : *A ma petite amie Alphonsine, son vieux Lambert Thiboust.* Je cite ses derniers couplets, ils complètent sa portraiture :

Eh quoi! vraiment?... Toujours la même?
Pas de duc, de marquis? tant mieux!
Murger, refaisant la Bohême,
Te saluerait, ô Mimi II.
Calèches aristocratiques,
Roulez-en d'autres; Frétillon
Promène à pied son cotillon,
Comme aux Délassements-Comiques.
Travaille — et bon succès, ma chère,
Ton soleil monte à l'horizon;
Bilboquet, dit-on, fut ton père,
Et te voilà dans sa maison.
Que la muse des excentriques
Inspire ton talent moqueur,
Et reste un brave petit cœur
Comme aux Délassements-Comiques.

Et c'est aussi parce qu'elle est restée la vraie fille du théâtre du bon temps, qu'elle a déserté aujourd'hui la scène de Bilboquet idiotisée par le genre *offenbachique.*

Et allez donc! vive l'*héroïne* du *Meurtrier de Théodore* et du *Royaume des femmes*! vive l'art aux trognons de pommes et aux glaces à deux liards! A bas les pêches à quinze sous et les gilets en cœur! Vive Alphonsine qui a quitté les *Variétés*, trop *chics*, pour aller au Palais-Royal où elle retrouve son public des *Délass. Com.* et des *Funamb.* , son public *aux* pommes!

—

AMPÈRE. — Membre de l'Institut.

—

BALATHIER-BRAGELONNE. — A la *Cueillette*! A la *Tendresse* et la *Verdurette*! le rédacteur en chef de la *Petite Presse*. Pas si tendre pourtant qu'il en a l'air, ce véritable homme de lettres qui a éprouvé tous les malheurs inhérents au métier; c'est un délicat, un sceptique et un pointu!

Bulathier-Bragelonne a beaucoup vu, beaucoup senti, beaucoup souffert. Il s'est fait petit pour se mettre au niveau du journalisme moderne. C'est un réfractaire de l'esprit passé dans les rangs de la littérature *Timotheo*-TRIMANTE.

Oui, Balathier-Bragelonne a eu tous les malheurs

Fils d'un greffier d'Auxerre, nommé Monnot, cousin-germain de Me Marie, ancien ministre, il fut attaché, par son parent, au gouvernement de la République, quoique fort peu... citoyen; premier grief contre la destinée!

Fils adoptif de M. de Balathier-Bragelonne, de la branche cadette des Balathier, il n'eut que son nom pour tout héritage! Quand Balathier venait demander au caissier de son journal une avance pour son père, le caissier lui répondait : « Pour lequel? »

Seconde raillerie du sort!

Balathier-Bragelonne débuta au *Cabinet de Lecture* avec Darthenay; il devint directeur de cette feuille, qui fut absorbée par le *Voleur*, son concurrent ; il passa rédacteur en chef de la *Silhouette*, hélas! en 1848!

La voix de l'émeute étouffa la crécelle de la *Silhouette*, d'où sont sorties toutes nos illustrations et nos puissances : Louis Lurine, Albéric Second, Marc Fournier, Champfleury, marchand de faïences; Nadar, aéronaute-photographe; Vitu, homme politique; Salles de Gosse, préfet.

La catastrophe de ce journal n'étonna pas Balathier, accontumé à tous les guignons; on a vu comment il sortit du naufrage de la *Silhouette*, qui contint, un moment, avec tout l'esprit de Paris, la fortune et la gloire de Balathier-Bragelonne.

On connaît aussi ses malheurs qui l'ont fait passer secrétaire de la rédaction du *Figoro* et de l'*Evénement*.

Aujourd'hui, Balathier-Bragelonne, pour laisser son cœur en paix, ne donne plus ni trêve ni merci à son intelligence, il la torture au profit de la *Petite Presse*.

En résumé : Très-ingénieuse et très-vaillante plume qui a bien le droit, par le destin, d'avoir le bec... très-pointu.

—

BARON : (Les)

Baron (Mme) costumière de théâtre.

Baron (M.) comédien.

Baron (Mlle) peintre.

Baron (M.) sculpteur.

La famille Baron, grands et petits *Baron*, ont vu de loin le grain qui devait commencer la tempête et engloutir un jour sous les flots de la mer *Nantaise* tous l'équipage dramatique de leur époux, fils, gendre ou beau-frère : M. *Marc Fournier*. Les *Baron* ont déserté le théâtre, pour se garder, sur leurs vieux jours, un peu de pain sur la planche.

—

BALTARD (Victor), dit le *Fort de la Halle* ou le *Maître Maçon courtisan* ! Architecte de la ville de Paris. Président du Comité central des architectes, officier de la Légion d'honneur, membre de l'Institut. Un mois avant la chute de Louis-Philippe, ce président du comité des architectes était en instance auprès du ministre pour décider que nul n'aurait le droit d'être architecte s'il n'était du *comité central* ; un mois de plus du roi citoyen et le dernier fumiste ou maçon n'eût plus eu la faculté de bâtir, comme aujourd'hui, ces grandes cages à avoine qui ornent invariablement notre Paris moderne.

Paris n'a pas de chance !

Aurions-nous eu plus d'architectes ? Non, ce ne sont pas des règlements de sociétés qui forment des artistes créateurs, c'est la volonté de la Providence.

M. Baltard ne pense peut-être pas ainsi, lui qui, en dépit ou à cause de son titre d'artiste officiel, n'est qu'un grand et infatigable ouvrier.

Monsieur l'architecte de la ville de Paris a éte surnommé : le *Fort de la Halle*, parce qu'il imagina, avant l'édification des halles centrales, cette sorte de citadelle qui précéda ses pavillons en fonte, en verre et en briques.

C'est aussi M. Baltard qui a *embelli* et mis en cage le marché du Temple où l'on grille en été, où l'on gèle en hiver.

Ce qu'on ne peut pardonner à Monsieur l'architecte de la ville, c'est d'avoir rajeuni la *Fontaine des Innocents*. C'était bien assez que le premier empire eût donné des cuvettes aux nymphes de Jean Goujon, sans qu'on leur prodiguât encore des escaliers? Escaliers ou cuvettes, peu importerait à ces admirables et suaves figures, si M. Baltard ne les eût fait regratter, amincir dans des entre-colonnements de son imagination !

Ah ! Monsieur l'architecte de la ville, inventez, si cela vous plaît, des cages à serins pour les forts de la halle, des pavillons chinois pour les marchands du Temple, des bornes-fontaines en forme de calorifère pour les porteurs d'eau ! Mais, pitié ! Grâce ! pour Jean Goujon ! Ne gâtez pas, ne rapetissez pas nos montagnes sous prétexte qu'elles gênent la vue de vos bornes-fontaines.

C'est un tout petit artiste qui vous adresse cette requête, à vous le grand architecte, le grand maître... maçon de la ville de Paris.

—

BARBIER (Auguste). L'auteur des *Iambes*, un grand poëte devenu petit bourgeois, une magnifique aurore qui n'est plus que la nuit du couchant, un soleil éteint qui n'est plus qu'à l'état de vieille lune.

—

BAST (Amédée de). Un journaliste, un romancier anté-diluvien. Il existait du temps que les bêtes parlaient.

« Il était autrefois un prince charmant, un prince « de lettres, beau comme le jour; les fées avaient « présidé à sa naissance et lui avaient prodigué tous « les dons; sa cour ne désemplissait pas de gens « en carrosses, courtisans, lions de la mode, belles « dames, qui étaient toutes de gentilles petites bi- « ches... » Mais... mais cela se passait du temps que le prince charmant était jeune... du temps que les *bêtes parlaient*.

—

GLAIS-BIZOIN (Alexandre). — Il est né avec le siècle, et il est né député interrupteur; c'est un homme que tout le monde connaît; grêle et blême, au visage de chauve-souris. Il est bien fait, par son esprit, par sa laideur, pour être ce qu'il est. un épouvantail! Au fond, c'est un bonhomme; ni chien, ni loup, ni Dieu, ni diable, c'est un fantôme de terreur comme la chauve-souris aux longues oreilles dont il est l'image.

Glais-Bizoin est un composé d'écrivain et de législateur, deux vocations qui se contrarient; il ne vole pas bien haut dans le ciel de l'art, et ne marche pas trop longtemps sur le terrain de la discussion politique. Il n'a ni ailes, ni poils.

Mais ce que possède en propre cet interrupteur irréconciliable, ce démocrate convaincu, quoique millionnaire, c'est sa conscience.

En 1822, Glais-Bizoin a attaqué le principe de la Restauration; en 1830, il a attaqué le privilége du timbre sur les journaux, l'impôt du sel, la taxe exagérée des lettres; en 1847, il était du banquet d'Odion-Barrot, organisé contre le ministère Guizot.

Ce qui fait réellement peur, c'est moins son esprit sec et cassant, interrompant à propos un orateur dont la parole est faite pour déguiser la pensée, que sa conscience nette et droite, incompatible avec le mensonge.

Son esprit fin et naïf fait reculer les plus audacieux ou les plus habiles.

Il est naïf jusque dans ses productions littéraires : sa comédie du *Vrai courage* est du vieux jeu ! Le vrai courage a été du côté de ceux qui ont fait le voyage, de Paris à Genève pour aller l'entendre. A la tribune Glais-Bizoin, de la gauche, se dresse devant ses collègues de la droite comme un diable qui sortirait d'un fauteuil. En réalité, c'est un bon diable, le diable des honnêtes gens.

—

BARBÈS.

3e Livraison.

PARIS. — TYP. WALDER, RUE BONAPARTE, 44.

BARBÈS (ARMAND). — C'était un cœur; c'était l'âme de la France Républicaine. Il a passé sa vie à être condamné à mort par amour de la Liberté.

C'était une grande figure où se reflétaient toutes les ardeurs héroïques, où se traduisaient à la fois les sentiments les plus tendres : il y avait en Barbès le charme attractif de la femme et la mâle énergie du soldat.

Il a porté la peine de sa grande sensibilité et de son grand courage.

Sa foi lui a fait gravir un calvaire où à chaque station il demandait la liberté à sa patrie, qui lui répondait par l'exil, par la prison, par la condamnation à mort.

Si son long martyre n'a pas fait la France Républicaine, du moins a-t-il fait des hommes et des apôtres de sa religion.

Barbès était une de ces natures qui devancent de plus d'un siècle leur époque ; il est mort en laissant après lui la traînée lumineuse de son auréole de martyr. Avant de s'éteindre elle refoulera longtemps les ténèbres dans lesquels se cachent encore l'erreur, le mensonge et les bourreaux qui l'ont tué !

« Voici, dit *le Plutarque Populaire*, sous la signature de Jules Claretie, une photographie faite à La Haie, et qui rend bien dans Barbès le tribun et le soldat de la justice.

« Profil maigre et accentué, front haut, découvert, large et puissant, nez rond, barbe grise avec une moustache blonde encore, son regard semble fixé sur l'ennemi qu'il brave; une ride profonde part des narines, coupe la joue comme une balafre et se perd dans la barbe. Il ressemble à ces fiers portraits de Vélasquez, ou aux maigres et sveltes cavaliers, pâles et superbes dans leur pourpoint noir, d'Antonio Véra. C'est ce que donne la photographie, ce qu'elle ne donne pas, c'est le sourire, le rayon, l'effusion, la candeur héroïque de cet homme, l'honneur et l'exemple de sa génération. »

Voilà l'homme, en effet, que la France a perdu à cette heure où les natures de cette trempe se comptent de plus en plus; voilà ce héros qu'on ne retrouve qu'aux époques de luttes sociales, saluant dans le rayonnement intérieur de leur foi un avénement de rédemption qu'ils ne font que préparer !

Barbès est mort comme il a vécu, pour l'amour de la démocratie, mort pour elle et par elle !

Barbès avait soixante-et-un ans; il était né à la Guadeloupe, mais ce fut en France, à Feurtout, dans le Midi, qu'il grandit.

En 1830, à vingt ans, au premier réveil de la France à la Liberté, Barbès se présente chez Etienne Arago, un de ses anciens condisciples, directeur du théâtre du Vaudeville.

A la vue de son camarade de collége, Etienne Arago s'offre à le guider dans Paris, de lui donner ses entrées à son théâtre.

— Citoyen, lui répond-il, je ne viens pas à Paris pour voir Paris. Mon nom, ma fortune, ma vie, je vous apporte tout pour tout donner à la République.

Le jeune homme tint parole à l'homme mûr : sa fortune il l'a donnée à la pauvreté, sa jeunesse au combat, sa vie à la Liberté !

En 1839, il organise sa première légion, qui doit

combattre, à tout instant, pour la République; Barbès est vaincu, traîné dans un cachot d'où il en sort condamné à mort (voir Martin Bernard).

Mais Victor Hugo le défend; le grand poëte qui n'est pas encore citoyen, sent en Barbès un noble et vaillant cœur; le poëte implore la grâce du citoyen; le roi Louis-Philippe commue sa peine de mort en une détention perpétuelle.

Huit ans après éclate la Révolution de Février. Barbès voit se rouvrir les portes de sa prison de Doullens; mais la réaction ne tarde pas à le reconduire en prison, au nom du Spectre-Rouge, dont on le fait le vivant symbole, lui l'apôtre de la Liberté, lui si doux aux petits, si tendre aux souffrants, si cher aux humbles! Lui un saint, mais un saint, toujours aimé, comme saint Paul.

Il devient avec Louis Blanc, son frère en démocratie, l'un des martyrs du 15 mai.

La tourmente de la réaction enveloppe Louis Blanc et Barbès et les fait disparaître.

En 1848, Barbès n'a quitté, pour quelques mois, la prison de Doullens, ouverte au républicain par la Royauté, que pour entrer à la prison de Belle-Isle, ouverte au républicain par la République!

L'Empire surgit. Un jour, un homme entre dans sa prison et dit à Barbès :

— L'Empereur vous fait grâce!

Huit ans auparavant, quand un autre homme lui avait dit aussi :

— Le Roi vous fait grâce.

Le citoyen avait répondu :

— Il y a donc un Roi?

Il répondit encore :

— Il y a donc un Empereur?

Barbès possédait, par dessus tout, la douce ironie; ses souffrances n'avaient altéré ni la sérénité de son âme, ni la bonté de son cœur, soutenues par la foi; et s'il est mort pour l'humanité, c'est sans amertume, comme l'amant qui meurt pour sa maîtresse, en lui souriant encore.

Quoi qu'en aient dit ses ennemis, il n'a jamais tué, et lui, on l'a tué.

Lorsqu'on lui reprochait en 1848 d'avoir commandé cinquante guillotines, il répondit :

— Pourquoi cinquante, c'est beaucoup. Ceux qui m'accusent ont pourtant frappé plus de cinquante cœurs vaillants et tué du même coup la Liberté !

Comme tous les hommes de foi, Barbès était prophète.

Il dit un jour en écoutant Lamartine haranguant le peuple sur la place de l'Hôtel-de-Ville :

— Voilà une admirable musique! je préfère la Marseillaise de Rouget de Lisle. La Marseillaise réveille le peuple, et les beaux discours de Lamartine ne font que l'endormir!

On sait comment Barbès accueillit sa dernière grâce de l'Empereur.

Barbès, qui ne s'émouvait que pour les faibles, avait écrit une lettre à tous les soldats, martyrs glorieux de notre victoire de Crimée; Barbès s'indigna d'une pitié qu'on eut pour lui et qu'il ne réclamait pas, à la suite de sa lettre à l'armée. Il avait exalté la France; il n'avait rien dit concernant les adversaires de sa foi.

Il respectait, il honorait le courage de nos soldats;

il voulut aussi qu'on respectait son honneur de citoyen. Il refusa la liberté.

Il n'accepta pas la grâce qu'on lui infligeait, et il ne la subit que pour écrire au *Moniteur* la lettre suivante :

Monsieur le directeur,

J'arrive à Paris, je prends la plume, et je vous prie d'insérer bien vite cette note dans votre journal. Un ordre dont je n'examine pas les motifs, car je n'ai pas l'habitude de dénigrer les sentiments de mes ennemis, a été donné le 5 de ce mois au directeur de la maison de détention de Belle-Isle.

Au premier énoncé de cette nouvelle, j'ai frémi d'une indicible douleur de vaincu, et j'ai refusé tant que j'ai pu, durant deux jours, de quitter ma prison. Je viens maintenant ici pour parler de plus près et mieux me faire entendre.

Qu'importe à qui n'a pas droit sur moi que j'aime ou non mon pays ? Oui, la lettre qu'on a lue est de moi, et la grandeur de la France a été, depuis que j'ai une pensée, ma religion. Mais, encore un coup, qu'importe à qui vit hors de ma foi et de ma loi que mon cœur ait ces sentiments ? Décembre n'est-il pas, et pour toujours, un combat indiqué entre moi et celui qui l'a fait ?

A part donc ma dignité personnelle blessée, mon devoir de loyal ennemi est de déclarer à tous et à chacun ici, que je repousse de toutes mes forces la mesure prise à mon endroit. Je vais passer à Paris deux jours, afin qu'on ait le temps de me remettre en prison, et, ce délai passé, vendredi soir, je cours moi-même chercher l'exil.

A. Barbès.

Il attendit, et, quand le délai fut expiré, il sortit de France.

Cependant la porte de sa prison resta obstinément ouverte; alors il partit pour la terre d'exil. Il se rendit à La Haye, où sont morts les frères de Wite, ces martyrs de la vieille Europe monarchique.

Et Barbès, l'exilé de La Haye, rendit par sa présence ce séjour deux fois béni, à deux siècles d'intervalle, tant est long et pénible à gravir le calvaire de la Liberté.

Il est mort à La Haye à la suite d'une maladie de cœur dont il n'avait jamais guéri depuis son emprisonnement au mont Saint-Michel.

On peut dire que les jours, les heures de ce cœur généreux sont comptés par autant de tortures.

Le 12 mai 1839, à vingt-cinq ans, il est en prison au mont Saint-Michel à Doulens, puis à Nîmes; sous la république de 1848; après le 15 mai, il est condamné à une nouvelle détention perpétuelle qu'il subit à Belle-Isle-sur-Mer; elle dura jusqu'à sa grâce et il s'exila ensuite volontairement.

Voilà sa vie! la prison et l'exil! Cependant qu'avait fait ce cœur généreux? Se consacrer tout entier à la liberté jusqu'au jour de mourir pour elle.

Il a tenu sa promesse! Barbès, dans la vie privée, n'était ni moins magnanime, ni moins désintéressé que dans la vie publique.

Héritier d'une grande fortune, il refusa un héritage considérable qu'il légua à ses cousines, prétextant que c'étaient des femmes, qu'elles en avaient plus besoin que lui, et que lui, du reste, était encore assez riche pour les *malheureux*.

Voila la nature sensible que l'on a essayé de faire sanguinaire !

Aujourd'hui, le voilà mort à son tour, ce Croyant qui ne s'est pas démenti un instant dans son profond amour pour le peuple.

Il est mort par le cœur, libre au milieu de l'asservissement, fort en présence de notre faiblesse, il est mort en nous laissant l'exemple d'une vie magnanime.

Puisse la France se souvenir des martyrs qu'elle fait et des héros qu'elle enfante; puisse la France vivre et grandir longtemps encore par ses morts sublimes qui l'honorent toujours, à l'exemple de ce vaillant cœur et ce grand citoyen !

—

BERGER (Louis). — Écrivain de la vieille roche, en train de devenir vétéran; il n'a pas la place qu'il devrait avoir. Pourquoi ? Parce qu'il s'est mis trop souvent dans la peau de ses amis, qui l'ont dévoré. Son imagination et son savoir de polyglotte n'ont servi qu'à enrichir le fonds de ses confrères, qui n'étaient même pas ses semblables.

Ils ne sont pas rares, en littérature, ces Esaü qui abandonnent à leurs frères leur plat de lentilles et qu n'ignorent dans l'art de produire que l'art de se *produire* eux-mêmes.

Ce collaborateur du grand et petit *Moniteur*, du

Musée des Familles et de la *Sylphide*, a été longtemps l'*Esaü* de Pitre-Chevalier; il lui laisait *ses* traductions allemandes.

Un soir, dans un salon où se réunissait l'aristocratie de l'intelligence, un vieil académicien, traducteur de Schiller, prend par le bras Pitre-Chevalier; il l'interroge sur Goëthe. Pitre, qui n'avait pas son traducteur sous la main, balbutie, puis se tait; il met son embarras sur le compte de la chaleur et finit par offrir une glace au traducteur de Schiller, vieux débris de l'Institut, réduit à la limonade.

Le lendemain, Pitre raconte sa mésaventure à Berger, le vrai traducteur de Goëthe, qui lui apprend que M. X., de l'Institut, est aussi son traducteur.

— Ah! s'écrie Pitre-Chevalier indigné, ah! si j'avais su qu'il eût *son Berger*, je ne me serais pas tu; je lui aurais dit son fait... en allemand!

Berger ne devait pas s'appeler Berger, mais Mouton, lui qui a vendu le plus pur de sa toison à des *Bergers d'Arcadie* pour s'en faire des habits d'académicien ou se tisser des rubans rouges! Pauvres *Berger*, pauvres moutons, toujours on vous tondra.

—

BANVILLE (Théodore). — Poëte de la rime riche, chef d'école de la poésie brodée sur toutes les césures, beau fourreau damasquiné, où il n'y a rien dedans.

Les plus longs vers de l'auteur de la *Pomme* — un poëte étique! — ne sont que des hexamètres; ses plus grandes odes ne sont que des hexophiles. Banville regrette de ne plus pouvoir les écrire sur des feuilles de roseau ou des tablettes enduites de cire. Il maudit l'imprimerie, un fléau qui a permis aux goujats de savoir lire, et qui a fait chasser Apollon du Temple du goût! Le monde, pour Banville, remonte à Jupiter, et il s'est fait un tout petit paradis dans le coin de son Olympe. C'est là seulement qu'il vit, qu'il se réchauffe, cet érotique menacé de la maladie de la moelle épinière... pindarique!

Hors de l'école de la rime riche, hors de l'école Banville, pas de salut! Selon Banville, chef du club des petits crevés..... poétiques, pour faire un bon poëte, il ne faut avoir ni nerfs, ni sang, ni moelle!

—

BAILLET. — Photographe-chansonnier. A la douce!..... A la douce!... A la douce!!!.. .... les chansons de Baillet, à la douce!!!.......

—

BERTHET (Élie).—Romancier chéri des bourgeois de la rue Charlot, nature timide devenue grincheuse avec l'âge. Berthet a eu d'incontestables succès avec le *Pacte de famine*, la *Croix de l'affût* et tant d'autres ouvrages de bimbelotterie littéraire! A l'époque de ses grands succès, le timide Berthet se défiait tant de ses forces qu'il n'osait monter chez le directeur des feuilletons du *Siècle*, afin de connaître les impressions de Jupiter Desnoyers, ex-maître de l'Olympe du journal des *Caboulots*. Berthet s'arrêtait toujours à la loge de la concierge, il demandait l'avis de madame Picard qui dévorait ses feuilletons tout en versant la goutte aux ouvriers imprimeurs; quand madame Picard était contente, Berthet partait content.

Cet honnête romancier au style douceâtre et à la forme bourgeoise, cet oracle des concierges et des marchands de vin, cet habile arrangeur d'imbroglios paisibles, a été distancé par l'arrivée turbulente du Gamin-Messie, vicomte Ponson pondant *Rocambole*...

—

BERTHOUD (Les trois) :

BERTHOUD (H.). — Horloger.

BERTHOUD (S.-H.). — Chroniqueur de la *Patrie*.

BERTHOUD (Eugène). — Romancier.

Ne pas confondre ces trois *Berthoud* ! Le premier, célèbre horloger qui fit d'excellentes montres ; le second, littérateur médiocre, qui essaie de tous les genres ; l'un bon mécanicien, l'autre mauvais arrangeur. Quant au troisième, le plus jeune, l'auteur du *Baiser mortel*, impossible de le confondre avec le second, le Berthoud *aux pâles couleurs* ! *Eugène* Berthoud, écrivain plein d'espérances, est à *Samuel* Berthoud, ce que la poudre à canon est à... la pâte d'amandes.

—

BARTHÉLEMY (Maurice). Le Glais-Bizoin en cheveux blancs de la Société des Gens de lettres ; l'auteur de *Cartouche* et de *Vidocq* prétend avoir le crâne de Voltaire. C'est bien difficile à juger, d'abord parce que ce loustic septuagénaire possède une véritable broussaille de cheveux rebelles sous son chapeau bas de forme, adopté aujourd'hui par les petits *crevés*; ensuite, parce que, à l'encontre de l'immortel auteur de *Candide*, l'auteur de *Car touche* n'a préparé aucune révolution, pas même la révolution honnête et *immodérée* de la Société des Gens de lettres.

Les cheveux blancs de cet ancien gazetier des tribunaux n'en sont pas moins l'arche sainte de notre intéressante Société, chassée, autrefois du gymnase *Paz-Lohze*! Ces cheveux-là mènentdroit à l'honneur, comme le panache de Henri IV. Qui s'y frotte s'y pique.

Un insensé, un téméraire, un impie, *Amédée de Ponthieu*, a osé toucher à ce sacré cuir chevelu, à l'arche sainte ! Il a payé son sacrilége de son expulsion de la Socité des Gens de lettres.

La couronne de cheveux blancs de ce vétéran des tribunaux, — l'honneur des lettres, — est aussi respectée que la couronne d'airain de la colonne de la Grande-Armée : malheur à qui la touche !

—

BALLU, architecte de la ville. — Sa spécialité consiste à restaurer, regratter, achever, parachever les monuments gothiques. Il a idiotisé la véritable tour Saint-Jacques en l'alourdissant à sa base, en l'amaigrissant à son faîte. Il en a fait une *belle Anglaise*!

Il a été, après l'architecte Hugo, le continuateur d'un gothique de confiseur dont l'église Sainte-Clotilde restera le plus gracieux spécimen... pour les pâtissiers de l'avenir. C'est Ballu qui imagina encore les deux clochers de Sainte-Clotilde... des pyramides en sucre candi !

En outre, Ballu est l'innovateur de la tour Saint-Germain-l'Auxerrois dont la perspective bouche l'entrée de la colonnade du Louvre et dont les raccordements avec l'église Saint-Germain et la nouvelle mairie, font ressembler le tout à une gigantesque salière.

On dit que Ballu joint la science à l'imagination, singulier savoir, dont la mairie nouvelle donne un triste échantillon; le style de cette mairie pourrait se qualifier de roman-bizantin-ogival, ou renaissance abyssinienne-gréco-égyptienne. Quel harmonieux pendant forme cette mairie avec l'église de l'Auxerrois ! En contemplant l'ensemble de cette église rajeunie, de cette mairie alourdie, de cette tour aplatie, le passant s'écrie : *Ballu-Berlue* !

—

BELOT (Adolphe). — Un romancier, un dramatique, et un jeune, chose rare ! Autrefois, avant l'apparition scandaleuse de *Mademoiselle Giraud, ma femme*, le jeune Adolphe tenait boutique de vertus, il faisait la nique à la littérature ébriolante et épigastrique de la boutique Dumas fils.

Son bagage de romans, de pièces honnêtes et modérés s'étiquetait ainsi : *Le Drame de la rue de la Paix*, *l'Article 47*, *les Indifférents*, *les Soumis* et *le Testament de César Girodot*.

Mais depuis que Dumas fils devient vertueux et que Feydeau se tait, le jeune Belot (Adolphe) s'est converti à l'impureté. Belot est devenu... Feydeau : affaire de droits d'auteur.

La prose Belot n'est plus l'eau sacrée, l'eau bénit qui purifie le corps et sauve l'âme; l'eau Belot ne détache plus, elle corrompt!

Depuis que Dumas fils devient prud'homme, depuis qu'il concourt au prix Monthyon, Belot prend le chemin de Corinthe.

Mais comme il n'y a rien de pire que les gens vertueux quand ils se mettent à faire le diable, Belot est allé à Corinthe par le chemin de Sodome.

Cependant on ne refait pas sa nature. La prose de ce Balzac blond manque de sel; l'auteur des *Souvenirs* ne sait pas cascader sur le terrain escarpé du vice; les fleurs du mal gardent un doux parfum.

Belot prétend corriger les mœurs en devenant libidineux; il n'est qu'illogique et inconséquent! Il est des difformités qu'on ne corrige pas, des monstruosités qu'on doit laisser dans la pénombre. Le législateur comme le romancier s'arrête à certains horizons; il n'est pas généreux, quoi qu'en dise M. Belot, de dire à un bossu tu as une bosse, à un nain, tu es difforme, à la société, tu as des vices monstrueux et des lèpres incurables. A quoi cela sert-il, rien qu'à l'auteur qui exploite la curiosité sur le scandale!

Le doux Belot n'est après tout qu'un esprit très-ingénieux; et lorsque les dames écoutaient les sermons de ce Masillon en cothurne, il était franchement dans sa peau; il l'est beaucoup moins depuis qu'il prend les allures d'un marquis de Sades moralisateur!

Cependant il faut admirer son tour de force dans *Mademoiselle Giraud ma femme*. Son livre immoral est d'une littérature de sacristain. La mère de famille sans danger peut laisser traîner ce livre sur la table. Son immoralité ne transpire qu'entre le blanc des pages ; c'est une photographie à double image, l'obcénité n'estqu'en-dessous.Mescomplimentsà l'ingénieux Belot qui de saint Michel terrassant le démon Dumas s'est changé en diable Feydeau ; et c'est encore un bon diableque ce Belot ; il n'estpas plus méchant que le saint Michel ou le satan de la fontaine de ce nom ; le diable ou l'ange Belot nedéverse aussi que de l'eau claire.

—

BELMONTET.

Et la garde qui veille aux barrières du Louvre
N'en défend pas nos rois...

à plus forte raison nos empereurs ! quand des poëtes comme Belmontet se sont fait la muse des grenadiers de l'empire.

Cet *alexandrin* des Césars croit encore à l'hymen des rimes guerrières ; il fait fraterniser sans rire *guerrier* avec *laurier, temple de la gloire* avec *temple de mémoire* !

Ce *coucou* obstiné de la poétique du premier empire a des vers au-dessous de zéro, au-dessous du degré de glace de la Bérésina. L'incendie de la capitale moscovite ne les réchaufferait pas.

Belmontet a été élu député pour qu'il ne fasse plus de vers ; il en fait tout de même ! Et la garde qui veille à la guérite du palais du corps législatif les passe encore en fraude sous son bonnet à poils !

Belmontet c'est le Jubinal de la poésie ; le Baour-Lormian du chauvinisme ; le Delille des régiments de la garde !

LEDRU-ROLLIN.

4e Livraison.

PARIS. — TYP. WALDER, RUE BONAPARTE, 44.

LEDRU-ROLLIN. — C'est un Danton, sans l'audace ! disent ses ennemis.

Si la loyauté absolue, si l'amour profond de la démocratie sont des indices de faiblesse, oui, cet honnête et fougueux Tribun est faible... faible comme l'amant pour la femme qu'il aime avec délire, au point de s'oublier lui-même.

Tel fut, tel est encore Ledru-Rollin. Du jour où un régime nouveau brisa son idole, la déesse Liberté, il s'est exilé; son cœur n'était plus où était sa patrie, il s'est fait proscrit, parce que la liberté était proscrite.

Voilà l'homme, voyons le tribun.

On l'a vu, il y a vingt ans; il arrivait à la tribune comme dans une mêlée, l'œil ardent, la tête haute, avec la véhémence que donne la foi, mettant les faits en relief avec lucidité et sans méthode, non comme le flambeau qui éclaire, mais comme le volcan qui éclate et embrase.

Soit, disent encore ses ennemis; mais aujourd'hui, c'est un volcan éteint.

Oui, comme l'Etna qui se réveille à ses heures.

Et s'il a dormi depuis vingt ans, à qui la faute?

Que voulez-vous qu'il fît, entre Lamartine qui perdait la république, à l'extérieur, en respectant les nationalités royalistes, et avec Cavaignac qui n'osait la sauver, aux journées de juin, contre la bourgeoisie hostile.

Ledru-Rollin n'avait qu'à partir ! Et comment est-il parti? par le chemin de la défaite armée. En fuyant de l'Hôtel-de-Ville par le prétendu vasistas d'un laboratoire de chimie du Conservatoire des arts et métiers.

Il n'a pus fui, on l'a fui.

Fondateur de la *Réforme*, il s'est ruiné pour soutenir cet organe qui fit proclamer la République ; chose singulière, lui ruiné pour la République, il s'est vu enrichi par l'empire.

C'a été une cajolerie indirecte de M. Hausmann, ce bras gauche de l'empire qui rencontra sur le chemin de l'expropriation une des propriétés de Ledru-Rollin, payée par la caisse de la ville, trois fois sa valeur.

L'exilé, qui avait tenu la République dans ses mains, qui à Londres avait été forcé de donner des leçons pour vivre, se retrouvait alors presque millionnaire par le caprice du hasard ou de la fortune impériale.

Mais la fortune, ou la misère le retrouve insouciant comme au temps de ses jeunes années.

Aujourd'hui Ledru-Rollin a soixante-deux ans. Il n'a plus la chevelure soignée, relevée en toupet triomphateur sur le front, comme en 1848 ; mais le front est aussi superbe, malgré son crâne dénudé, son œil noir brille plus vif que jamais. Il est mûr pour le combat, il a encore vingt ans au service de la démocratie.

S'il revient en France, c'est riche d'espérances; c'est parce que, selon lui, la nation se réveille, parce qu'il n'est plus seul à admirer l'idole pour laquelle il a toujours les mêmes ardeurs ! La liberté.

BARRIÈRE (Théodore). — Il est né avant Sardou qui l'*a recommencé*. (*Voir Sardou.*) Quand j'assiste à la représentation d'une pièce de Barrière, je crois entendre Juvénal déguisé en berger..... Watteau; j'écoute Esope sous les traits d'Alcibiade ou d'Alcindor; je ne puis me figurer que je suis en face de mes contemporains, encore moins de mes contemporaines; il me semble entendre Aspasie ou Laïs sous les jolis visages un peu trop plâtrés et fardés — comme le style de Barrière — de mesdames Doche ou Fargueil !

Et l'éternel Desgenais? Ce Figaro en redingote, sapristi ! sacrebleu ! Combien de fois l'auteur des *Faux-Bonshommes* l'a-t-il mis en scène ? Comme il serait insupportable, ce montreur de lanterne magique, qui, du bout de sa canne, flagelle toujours les mêmes pantins ! Ah ! comme il serait à claquer ce Sosie, sans action, de Beaumarchais, s'il n'était rendu par ce bon Félix, toujours le même mais qui débite si bien la même tirade depuis quinze ans !

Cependant, il faut être juste envers l'auteur des *Faux-Bonshommes* et des *Filles de Marbre*, c'est un maître, il a créé un genre et un style; c'est le premier qui a mêlé Florian avec Lafontaine, Marivaux avec Juvenal.

Les *Faux-Bonshommes* de Barrière, où Sardou a trop *fourragé*, seraient un chef-d'œuvre si ses héros étaient plus campés, si son action principale était plus accusée. Barrière n'en est pas moins un maître qui a donné plus d'un *patron* à nos découpeurs en comédie et en vaudeville.

Victorien ou Victoire Sardou est sorti de ses flancs;

la fille n'a pas assassiné le père. Seulement, aujourd'hui, ils sont deux à faire la même pièce, à faire avaler la même pilule dans le même bonbon ; l'auteur Félix a aujourd'hui deux coupeurs pour son habit à la Desgenais, sapristi ! ou à la Desgenais, sacrebleu !

On reproche à Barrière son scepticisme, c'est un tort; c'est au public, c'est à ce monsieur *on* qu'il faut s'en prendre. Barrière est un résultat de son siècle; il est né à son heure, comme le café, comme Voltaire, comme Beaumarchais, comme la crinoline, comme Juvénal, qui disait bien avant Desgenais : « O folie ! perdre cent mille sesterces et refuser un « manteau à un esclave transi de froid. » Aujourd'hui, comme sous Juvénal, il ne faut plus de poëtes, il ne faut que des satiriques; le fouet a remplacé la lyre, Barrière est de son temps.

—

BIENVENU, dit *Touchatout.* — Echotier à calembours. Il touche à tous les petits journaux amusants. Commerson, attaché aux rivages escarpés et sans bords de son île du *Tintamarre*, l'a élevé le premier à son rocher. Il se délivre de temps en temps de la tyrannie de son vieux camarade de chaîne pour risquer de grandes enjambées, de fortes excursions dans les journaux à lazzis, rivaux du *Tintamarre.*

L'*Histoire de France* de Touchatout, où l'empereur Charlemagne a un pot de chambre pour couronne, une culotte de gendarme pour cotte de mailles, a prêté sa garde-robe à toutes les pièces excentriques des *Grandes Duchesses* et des *Petits Faust*. Bienvenu, c'est l'archiviste des théâtres comiques, le Janus à deux têtes du petit journalisme : tête de caissier du côté des bureaux de l'administration, tête de bouffon du côté des cabinets de rédaction, un irrégulier dissimulant sous un masque comique, un esprit d'ordre qui médite profondément *l'art de parvenir* ; Bienvenu, l'enfant gâté de la petite presse, tient d'une main une marotte, de l'autre un sac !

—

BLAVET. — Echotier du *Figaro* ! Ce jeune écrivain serait *trop beau pour rien faire*, s'il ne faisait pas la besogne de son patron au *Figaro*. Transfuge de la *Situation*, un journal prussien, il s'épuise aujourd'hui à prendre la place du Prussien Wolff; sa prose est claire, mais elle manque de nerfs, de chair et de couleur. Mais Blavet a du trait et du mot.

—

BLONDEAU. — Petit échotier de le *Petite Presse*. Il est tout petit tout petit; il parle tous les quarts d'heure! Il a écrit dans le journal le *Pavé*, qui a failli l'écraser; et il est écrasé sous l'anonymat du *Petit Moniteur* et de la *Petite Presse*. Il s'est battu en duel avec Charles Virmaitre de la *Liberté*; mais il est si petit, que l'épée de son adversaire a passé par dessus sa tête et est venue crever l'œil d'un de ses témoins.

—

BLONDET. — Echotier de *l'Eclipse*. Toutes les semaines, sur la corde raide, Blondet franchit le Niagara de ce journal d'actualité, revue humoristique et cascadeuse. Blondet, échotier masqué, a des aspirations littéraires qui se trahissent sous ses airs d'acrobate. Sa prose a de l'allure et de la crânerie; sa plume sent la cape et l'épée. C'est un Mascarille qui a du sang de Roger de Beauvoir dans les veines. Il danse sur la corde avec des allures de Vestris. Il parle argot à la façon de Don Juan; il fait passer la muscade et jongle avec la phrase en pitre littéraire qui se rappelle les traditions du dernier siècle.

—

BEAUVALLET (PÈRE). Un tragédien qui utilise les nombreux loisirs que lui laisse la tragédie en jouant le mélodrame; il passe des vers de Casimir Delavigne à la prose de son fils, *Théodoros*. Honneur au courage paternel!

—

BEAUVALLET (FILS). — Il collabore avec Barrière qui refait *en pièces* ses romans édités par le journal l'*Omnibus*. Honneur au courage malheureux!

—

BOUGY (ALFRED DE). — Bibliothécaire doux; il a pourtant des ennemis qui l'appellent *Bougie de l'Etoile*. Littérateur doux, il a été de la conspiration des *Trente* pour la révision de la Société des gens de lettres. Comme tant d'autres, Bougy a tenu la chandelle.

—

BEAUJOINT (Jules) —Ecrivain officiel de l'éditeur *Fayard*. Ce Beaujoint barbu, à l'aspect farouche, a écrit les *Mémoires de Paul Niquet*, *Enterrée vive*, les *Mémoires du forçat Poncet*, l'*Auberge de Peyrebelle*, l'*Auberge aux tueurs* ! etc., etc. Cet écrivain sanguinolent est au fond l'homme le plus inoffensif de la terre, timide comme une demoiselle, pudique comme une vierge de Nanterre; il ne croit pas à ses scélérats, et rit de leurs crimes! Il pense comme *Louis Noir*, et écrit comme Madame de Sévigné!... O les contrastes!

—

BELL (Georges). — Littérateur basque, un lieutenant de la *Liberté*, qui se figure être capitaine; ancien secrétaire de Méry, qui se figure avoir fait les œuvres du grand poëte.

—

BOUGUÉREAU. — Pas assez d'inspiration, pas assez de couleurs, trop de traditions : une palette à l'aide de laquelle se font les peintres officiels et les surintendants des beaux-arts. Le présent répond à ces artistes : Institut, grand'croix de la Légion d'honneur ; l'avenir leur répond : Néant !

—

BIARD. — Un peintre qui, dans des tableaux de genre, a été aussi amusant que Paul de Kock.

Biard, le Paul de Kock de la peinture, a reproduit parfois des épisodes sérieux. Alors il était aussi drôle que l'inimitable auteur du *Cocu*, lorsqu'il se donnait le *genre* de faire du style et de parler latin.

BRETON. — Pourquoi le peintre Breton, l'auteur de la *Plantation du Calvaire* du *Rappel des Glaneuses*, fait-il des soleils couchants qui ressemblent à des pains à cacheter? Pourquoi ses paysages ont-ils l'air d'être vus par les trous d'un stéréoscope dont on aurait oublié d'ouvrir le couvercle? Pourquoi est-il le peintre de l'ombre? Parce que cet artiste trouve plus commode de concevoir vite que de prendre la peine de bien rendre! Mais des silhouettes ne sont pas des corps, des ombres ne sont pas des formes; Breton, en se créant une *manière*, a quitté la proie pour l'ombre.

—

BOUVIER (Alexis). — Un jeune écrivain, le rédacteur du *Figaro* et du *Petit Journal*; pourtant il compte déjà des chevrons sur sa manche, ce sergent recruteur de la presse militante. Il a quitté le Robespierre Lermina, son capitaine au *Corsaire*, pour entrer dans les ordres des neveu et oncle *Millaud*; Bouvier, transfuge de l'art industriel, possède dans son second métier de *lignard* cette sensibilité faubourienne qu'il avait déjà *exercée* au profit des *bouis-bouis* nés de la *liberté* des théâtres! Il ne manque ni de verve, ni de chien. Il se distingue par une belle prestance et une vaillante plume un peu trop forte en gueule. Avec Louis Noir, il *dévide le jars, jaspine de l'orgue à dévisser le piston d'un capucin des bois.*

—

BRUCKER (Raymond). — Un vieux, l'un des auteurs du livre: *le Maçon*, en collaboration avec Mi-

chel Masson. Il a couru toutes les gloires ; il a donné, tête baissée, dans toutes les fantasmagories de notre siècle panaché. Ancien protestant, ancien saint-simonien, ancien romancier, ancien prêtre de l'Eglise française, cet anti-pape est l'auteur du *Bouquet de Mariage*, œuvre digne du marquis de Sade ! Tous ces sauts de carpe ont abouti à une dernière cabriole au couvent de la *Trappe* !

Est-ce un fou, est-ce un sage? Que conclure de ces tergiversations, de ces déguisements, de ces apostasies? Est-ce un fou, comme ces artistes turbulents qui tournent à toutes les folies du siècle pour en rire ? Est-ce un sage, qui n'a voulu seulement qu'en vivre? En tous les cas, Brucker a fini en sage, camme Mirecourt, comme Litz, ces Charles-Quint de la popularité d'un jour. Brucker a disparu du Monde quand le monde allait le quitter. Il s'est plongé dans le néant juste à l'heure où il devait être oublié. Il avait vécu, il s'est chloroformé.

—

BROT (Alphonse). — Membre du comité du colportage, copin de Jules de Saint-Félix ; gardechiourme plein d'indulgence à l'égard des jeunes galériens du roman-feuilleton... surtout quand ils sont en rupture de ban.

—

BLUM. — Un quart d'auteur dramatique, ancienne queue de la comète Clairville. Il utilise les loisirs que lui laissent les désastres de la *liberté des théâtres*, en se faisant échotier de coulisses : un quart d'homme de lettres ! Cet auteur, de la famille des ravageurs de calembours, possède l'art de les fixer en scène ou en alinéas, de s'en faire des rentes, que ce quart d'auteur doit à tout le monde.

—

CADOL. — (*Voir Belot à sa première manière*).

—

CHMPFLEURY : *Fleury*, dit *Champfleury*. Un grotesque qui a perdu son reflet et qui ne reste plus que l'ombre de lui-même. Voici sa carte de visite; une charge comme toute sa personne :

Fais ce que dois

CHAMPFLEURY

Visible les dimanches de 9 à 1 h.

20, rue de Bruxelles.

Puisque, pour le vulgaire, M. *Champfleury ne reste chez lui* que le dimanche, donnons à ceux qui sont privés de le contempler, les jours fériés, sa photographie authentique, exempte d'artifices.

Fleury, dit Champfleury, possède, au physique, une figure de cuistre contrariée par des allures de rustre; au moral, c'est un bobèche qui traite le public en Cassandre. Lorsque le Dieu du réalisme eut ramassé, dans un 15 août, l'œillet rouge que cultivait naguère pour ses membres la *Société des gens de lettres*, la *Gazette de Hollande* lui envoya ainsi son compliment et son bouquet :

> Salut ! Fleury, l'homme en faience,
> Lequel, pour remplir son métier
> De réaliste en conscience,
> Ecrit moins bien qu'un savetier.
>
> Et qui croit, naïf et bonasse,
> Que tout dans la nature est mal,
> Depuis qu'en observant sa glace.
> Il pense en être l'idéal.

Feu la *Gazette de Hollande* savait-elle, d'après ces huitains, que le Dieu du réalisme a pour voisin un savetier, un vrai *gnaf* qui lui ressemble comme deux pierrots?

Et singularité des analogies ! Chaque fois que l'auteur des *Chats*, de *Chien-caillou* et des *Bourgeois de Molinchard*, se fait tirer son portrait, le savetier s'en paye un exemplaire.

Champfleury se retrouve ainsi sur toutes les faces dans l'échoppe de son sosie.

Le Dieu du réalisme enrage !...

Le destin est juste ; son temple du faux goût, de la fausse observation, du faux savoir, n'est-il pas une échoppe ? Son français, qui est loin d'être du Bossuet, n'est-il pas à la hauteur des vues des adeptes de saint Crépin ?

Champfleury qui se drape en penseur, en artiste, en écrivain, n'en a que l'orgueil. C'est un mystificateur, assez adroit pour dissimuler son impuissance derrière des farces. Il nie la poésie, parce qu'il ne peut atteindre à son lyrisme; il nie les grandes lumières, il n'aime que les petits jours, parce qu'il est myope. Il nie la passion, parce qu'il ne connaît pas la parodie.

Exemple :

Jadis, nous avions cru naïvement que la *Société des gens de lettres* devait être autre chose qu'une machine *à reproductions* ou à tuyaux d'orgues accompagnant les hymnes chantées en l'honneur du Baron *Taylor*. Et nous avions rêvé un 18 brumaire avec Champfleury pour Bonaparte !

Mais Champfleury embrassa Taylor ! Nous n'eûmes pas plutôt tendu le dos à ce grotesque que nous en reçûmes des coups de pieds; il signa sur notre dos par un tour de Batte, un traité à la Nesselrode, il changea notre révolution en farce !

Champfleury, c'est un comique sérieux; un paillasse qui se drape avec aplomb dans sa toile de matelas.

Les *Souvenirs des Funambules, M. Tringle, M. Bois d'Hyver*, la *Caricature ancienne et moderne*, les *Amoureux de sainte Périne*, l'*Histoire des chats*, ne sont que des mosaïques qui ont déjà servi à décorer des temples, des palais antérieurs à la fondation de sa petite baraque.

Champfleury, c'est l'homme des ponsifs et il peint avec une patience de Chinois; comme les Chinois, il ne possède ni perspective, ni profondeur de vue; ses personnages ne marchent qu'à l'aide de ressorts empruntés à Balzac, à Dickens, à Gogol. Ses héros ne parlent, ne rient, ne pleurent, ne chantent qu'à travers une pratique.

Champfleury a débuté par faire des pièces aux Funambules et est resté...funambule. L'amour pour lui, c'est arlequin qui fait tournoyer sa latte au-dessus de la tête de Pierrot et de Colombine. La grande douleur n'existe pour lui que lorsque arlequin a ravi à Pierrot une carotte.

Cependant il a écrit autrefois les *Amours de Mariette* où il y a un peu de poésie, c'est qu'il était jeune alors et qu'un jour son cœur a eu faim.

Il ne s'en souvient plus dans ses travaux de petite science sur les *Chats*, dans la *Caricature antique et moderne*, dans ses recherches sur les *Faïences cassées*, un catalogue pour sa baraque.

Esprit tourmenté, comme son individu, moitié paysan, moitié bourgeois, moitié érudit, moitié basteleur, il n'a de vraiment grand que son orgueil ; le reste, comme sa personne, n'est qu'une contorsion et une grimace!

Comme il n'est pas assez grand par lui-même, il a fait un tas pour s'élever ; quand le tas ne lui a plus servi, il l'a dispersé ou repoussé pour qu'il ne serve plus à d'autres. Nous prenons à témoin Paul Féval qu'il a attaqué puis embrassé ; Taylor qu'il a *blagué* puis choyé ; les opposants de la Société des gens de lettres qu'il a lui-même *raccolés* et reniés ; son livre du *Réalime* où il *tombe* courbet, en se défendant d'être RÉALISTE !

Champfleury a étudié *l'art de parvenir* sur un *jeu de bascule*. Mais à force d'évolutions, le pitre a troué sa toile à matelas, aujourd'hui il est percé à jour !

Feu la *Guêpe* a piqué la première ce funambule, Veuillot l'a crossé, dans *ses Odeurs*, par cette épithète de « perfide innocent ! »

Feu la *Guêpe* l'a portraituné ainsi : « Intelligence « moyenne, maniaque et rusée, patience de paysan, « obstination que les sots ont pris pour du talent, « imagination étroite et envieuse que les timides ont « prise pour de l'imagination, ce n'est qu'un paysan « du département de l'Aisne, venu à Paris pour se « moquer des bourgeois de lettres. »

Champfleury, à bout de jeunesse, renégat d'opposition, martyr *déauréolé*, apôtre démodé du *réalisme*, Champfleury a fini sa petite tâche... Le public ne rit plus de ses lazzis, les lettrés n'ont plus foi en ses théories à la Bilboquet. C'est un *renté*, un décoré! Rien de plus. Maintenant qu'il fait de la science avec des charges et qu'il veut rendre l'histoire complice de ses lazzis, les érudits n'acceptent pas plus que le vulgaire ses *caricatures antiques* et ses récits d'animaux domestiques. C'est un auteur vidé qui ne fait plus que de la bouillie pour les chats !

—

CANTAGREL. — Encore une étoile filante, il a été un des soleils de 1848, alors qu'il était principal rédacteur du journal *La Démocratie pacifique*, rien moins que... pacifique.

Ce soleil, qui n'est plus qu'un soleil éteint, a essayé de briller de nouveau, lors du réveil du peuple de Paris, aux dernières élections; il a été éclipsé par le nouvel astre, Bancel. Place aux jeunes ! Cantagrel, écrivain d'un autre monde, honnête homme anté-diluvien.

GUSTAVE COURBET.

PARIS. — TYP. WALDER, RUE BONAPARTE, 44.

COURBET (GUSTAVE). — C'est un libre artiste, c'est un libre penseur, ce Franc-Comtois, frère et ami de Proudhon. Il n'est d'aucune école, si ce n'est de celle qui fait les grands artistes : l'école de la Liberté.

Courbet peint avec son âme et en face de la nature ; il cherche la poésie dans l'éternelle grandeur de l'œuvre divine ; aussi se trouve-t-il tout dépaysé dans notre petit monde officiel et Pindarique qui, sous la coupole de l'Institut et dans un coin du Louvre, prétend tout refaire à son image !

On lui reproche dans ce monde-là d'être imparfait, capricieux et malséant, parce qu'il n'est ni cotonneux, ni soyeux ; parce qu'il possède des muscles, de la chair et des os ; parce qu'il n'habille pas ses femmes avec les robes de soie de MM. Dubuffe père et fils ; parce qu'il ne fait pas de la peinture sur ivoire ; parce qu'il ne *contrefait* pas la nature avec les arbres en zinc ou les grottes en carton-pierre de M. Alphona, l'ingénieur.

On le dit grossier, parce qu'il est artiste et non artisan de luxe et de luxure ; sauvage et gauche, parce qu'il ne cultive pas les palmes vertes et qu'il ne marche pas dans les jambes des vétérans de l'Institut ; imparfait, parce qu'il voit et fait grand.

Ce n'est pas sa faute, après tout, s'il est gauche, et s'il a peur trop souvent de marcher sur nos infiniment petits ! Ce n'est pas sa faute si chacun se courbe davantage dans le monde de l'art officiel quand lui reste constamment debout sur le terrain de plus en plus désert de l'art indépendant : le seul grand art !

Aussi le peintre des *Casseurs de pierres*, des

Baigneuses, de l'*Enterrement d'Ornano*, de la *Fileuse*, du *Combat de cerfs* apparaît-il au salon comme apparaîtrait un soldat de la Moselle en sabots dans les salons de Versailles.

Ses toiles fortement imprégnées de la saveur des champs, tout éclatantes de vérités, toutes ruisselantes de lumières sont autant de coups de poings donnés par ce Jean-Bart de la peinture aux artistes courtisans rangés en ligne sous le pouvoir discrétionnaire de Sa Majesté le directeur des Beaux-Arts.

Il devait donc protester contre la croix, ce peintre téméraire de la nature. L'honneur de l'art et l'indépendance du talent n'ont pas besoin d'insignes, il se reconnaissent à l'œuvre de leurs fidèles.

Courbet n'a que faire d'être signalé par un ruban, d'être incorporé dans la Légion d'honneur ; à lui seul, il s'appelle Légion.

Courbet a aujourd'hui cinquante ans ; il est dans la maturité du talent, et il en est à son douze centième tableau.

Sa fécondité naît de la turbulence de son imagination, de l'activité de son esprit. Comme les grands maîtres, il façonne tout au gré de sa volonté, jusqu'à ses outils, et il *peint au couteau*.

A l'exemple de Rembrand, il n'arrive aux détails que lorsque son tableau a bien résumé sa pensée, son idéal n'est jamais sacrifié à l'accessoire ; il surprend et étonne avant de plaire. Il pense longtemps et fait vite.

Un jour, un Anglais lui ayant commandé un tableau, payé douze cents francs, l'Anglais récria sur le prix, parce que l'œuvre avait été brossée en huit jours :

— Huit jours, pour un tableau de douze cents francs, exclama l'insulaire, c'est trop cher pour être fait en si peu de temps.

— Oui, lui répondit Courbet, mais vous ne comptez pas les trente ans de ma vie que j'ai passés pour arriver à faire ce tableau en huit jours.

On se rappelle son salon de peinture qu'il improvisa pour lui seul lors de l'exposition universelle, en face du palais du Champs-de-Mars.

Tous les amateurs du grand art se rendirent à l'appel de Courbet; mais le nombre n'était pas suffisant pour couvrir les frais d'installation du célèbre artiste. Courbet arriva à la fin de son exposition sans pouvoir même rémunérer le fournisseur de ses tourniquets.

— Ils ont si peu fonctionné vos malheureux tourniquets, dit Courbet à Detouche, que vous pouvez les reprendre presque au prix coûtant.

L'horloger-mécanicien allait se rendre aux lamentations du peintre, quand celui-ci reprit :

— Non, je veux au contraire être du mien et vous donner un tableau qui vous rappellera l'ignorance, l'incurie de tous les gens qui ont passé de ma porte.

Et Courbet donna à Detouche un tableau représentant un âne pris sur nature.

Cet âne est d'un réalisme, d'une attitude piteuse, d'un fini de détail qui font le plus grand honneur à Courbet ; et l'artiste a écrit derrière le tableau : *Courbet, à son meilleur ami, Detouche.*

Nature sensible comme toutes les riches natures, si la reconnaissance le rend généreux, l'injustice le fait implacable.

Il se souvient encore du refus que l'on fit à la dernière exposition de son tableau : *Le Retour de la conférence* ! Un chef-d'œuvre.

Il avait peint des prêtres, de bons prêtres revenant d'un bon dîner. Grand scandale à notre époque qui renierait Tartuffe et laisse passer les livres de Madame Bovary, de mademoiselle Giraud et les tableaux de M. Clapplin.

Son refus de la croix est peut être aussi une leçon indirecte aux artistes qui aliènent leur indépendance. Voici la lettre de Courbet ; elle achève de peindre ce grand caractère, tel que nous avons essayé de l'esquisser.

Voici la lettre qu'il a écrite à M. Maurice Richard.

Monsieur le ministre,

C'est chez mon ami Jules Dupré, à l'Isle-Adam, que j'ai appris l'insertion au *Journal officiel* d'un décret qui me nomme chevalier de la Légion d'honneur.

Ce décret, que mes opinions bien connues sur les récompenses artistiques et sur les titres nobiliaires auraient dû m'épargner, a été rendu sans mon consentement, et c'est vous, monsieur le ministre, qui avez cru devoir en prendre l'initiative.

Ne craignez pas que je méconnaisse les sentiments qui vous ont guidé.

Arrivant au ministère des beaux-arts, après une administration funeste, qui semblait s'être donné à tâche de tuer l'art dans notre pays, et qui y serait parvenue par corruption ou par violence, s'il ne s'était trouvé çà et là quelques hommes de cœur pour lui faire échec, vous avez tenu à signaler votre avénement par une mesure qui fît contraste avec la manière de votre prédécesseur.

Ces procédés vous honorent, monsieur le ministre; mais permettez-moi de vous dire qu'ils ne sauraient rien changer, ni à mon attitude, ni à mes déterminations.

Mes opinions de citoyens s'opposent à ce que j'accepte une distinction qui relève essentiellement de l'ordre monarchique. Cette décoration de la Légion d'honneur que vous avez stipulée en mon absence et pour moi, mes principes la repoussent. En aucun temps, en aucun cas, pour aucune raison, je ne l'eusse acceptée. Bien moins le ferai-je aujourd'hui, que les trahisons se multiplient de toutes parts et que la conscience humaine s'attriste de tant de palinodies intéressées. L'honneur n'est ni dans un titre ni dans un ruban, il est dans le mobile des actes. Le respect de soi-même et de ses idées en constitue la majeure part. Je m'honore en restant fidèle aux principes de toute ma vie : si je les désertais, je quitterais l'honneur pour en prendre le signe.

Mon sentiment d'artiste ne s'oppose pas moins à ce que j'accepte une récompense qui m'est octroyée par la main de l'Etat. L'Etat est incompétent en matière d'art. Quand il entreprend de récompenser, il usurpe sur le goût public. Son intervention est toute démoralisante, funeste à l'artiste qu'elle abuse sur sa propre valeur, funeste à l'art qu'elle enferme dans des convenances officielles et qu'elle condamne à la plus stérile médiocrité. La sagesse pour lui serait de s'abstenir. Le jour où il nous aura laissés libres, il aura rempli vis-à-vis de nous tous ses devoirs.

Souffrez donc, monsieur le ministre, que je décline l'honneur que vous avez cru me faire. J'ai cinquante ans et j'ai toujours vécu libre. Laissez-moi terminer mon existence libre : quand je serai mort, il faudra qu'on dise de moi : Celui-là n'a jamais appartenu à aucune école, à aucune église, à aucune institution, à aucune académie, surtout à aucun régime, si ce n'est le régime de la liberté.

Veuillez agréer, monsieur le ministre, avec l'expression des sentiments que je viens de vous faire connaître, ma considération la plus distinguée.

GUSTAVE COURBET.

Paris, le 23 juin 1870.

Courbet est peint tout entier dans cette lettre, calme et digne. Il ne parle que pour lui, cependant, cette lettre ne sera pas moins considérée comme une offense pour certaines gens qui accrochent leur honneur au porte-manteau des antichambres ! Après tout, comme le dit *Edouard Locroy*, on a tort de parler d'honneur, de respect de soi-même aux obscurs, aux intrigants et aux petits. Il ne faut jamais déposer un paquet de corde à la porte d'une maison où il n'y a guère que des pendus !

COGNIET (Léon) : A notre époque carnavalesque où l'effronterie du vice, les turlupinades des scandales-Benoiton ont seules le pouvoir d'émoustiller nos sens ; à notre époque où l'art, la littérature ne parlent que par mesdames *Bovary* ou de *Chalis*, M. de *Camors* ou le roi *Candaule*, que vient faire ici le vieux *Tintoret peignant sa fille morte?* Que nous veut son auteur, le peintre Cogniet? Qu'est-ce que son œuvre peut apporter de jouissance à notre société affadie, blasée, sans sentiment, sans idéal et sans amour? Que veut son art, interprète de la suprême douleur? L'art et la littérature, aujourd'hui, n'existent-ils pas qu'à la condition d'amuser et de scandaliser? A *la Lanterne*, monsieur Cogniet!

Je me rappelle avoir vu ce beau tableau à l'Exposition universelle de Paris; et j'étais seul un moment à sentir les larmes noyant les yeux creux et sombres du vieux Tintoret. J'étais seul à admirer cette belle jeune fille, toujours belle, sous sa teinte livide, toujours pure et vierge sous sa décomposition de la mort! Seul, je m'extasiais à cette flamme tremblottante de la lampe luttant encore avec les premiers rayons du jour, jour impitoyable rappelant au père que la terre redemandait le corps de sa fille depuis que le ciel avait repris son âme! Et j'etais seul à méditer devant ce vieillard, devant cet artiste terrassé, devant ce père éploré, oubliant jusqu'à son art pour s'absorber tout entier dans la contemplation de son douloureux amour : devant l'artiste s'effaçant dans le père!

Et lorsque je me suis vu seul en face du tableau de Cogniet, — ce peintre et ce poëte virils de la mélancolie ; — j'ai pris en pitié cette foule imbécile qui s'arrêtait à deux pas plus loin, à une belle femme peinte par MM. *Dubuffe* père et fils, ou aux accessoires payens d'un tableau ciré de *M. Gérôme.*

O art divin, toi qui n'as plus mission que d'amuser, où vas-tu ? Je l'ai dit : Parbleu ! à madame de *Chalis* qui n'aime que les coups de cravache ; au libertin *Camors* qui tue l'amour vierge et court à l'amour tout fait ; aux poupées d'ivoire de Gerôme, aux cocotes des courses, illustrées par le journal : *La vie parisienne*, voilà.

O bienheureux Yankee, sainte Amérique, voilà donc de tes coups ? Voilà ce que vous avez appris à nos mères, à nos sœurs, ces dernières prêtresses de l'art ! Quant à ses grands pontifes, comme Cogniet, et qui ont encore la prétention de nous faire admirer ou aimer jusqu'à la souffrance ? Brrruit ! sottise ! C'est fini ! bien fini ! Roccoco ! Riquiqui ! Le sentiment. Pas le temps ! et la Bourse ? et les chemins de fer ! Pas cinq minutes d'arrêt à donner à la pensée.... Tant pis pour les rêveurs s'oubliant en route, ils sont écrasés, morbleu, pulvérisés sous le train du... *Progrès* ! sinon ils sont tout au moins dédaignés, oubliés comme l'auteur du *Tintoret*, comme M. Cogniet, officier de la Légion d'honneur et membre de l'Institut.

—

COUTURE : Adroit, malin et fort ; il s'est décerné le modeste brevet de *premier peintre de son époque*, parce qu'il n'y a plus de *premier peintre du roi* ; il a fondé *l'école Couture*, parce qu'on n'est jamais si bien servi que par soi-même. Il est en effet très-malin et très-fort, ce peintre des *décadences* : il a pour élèves des nobles étrangers ; il vend ses tableaux en Amérique au poids de l'or ; il boude les expositions depuis qu'elles ne servent plus à sa gloire.

L'adroit Couture est un artiste qui a du coup d'œil et du flair ; c'est un peintre aux yeux de lynx et aux fortes narines. En raison de la justesse de son point visuel, Couture met, à tous les coups, dans le *point noir* ; exemple : Au début de sa carrière, il peint *l'Orgie romaine*, parce que, sous la fin du règne de Louis-Philippe, la société, fatiguée et blasée, acclamait l'avénement de la courtisane et proclamait la réhabilitation des chevaliers du lansquenet ; parce qu'on était à cet état de somnolence qui précède les jours d'orage ou suit la nuit d'orgie ! Arriva le coup de tonnerre de février ; la fièvre ne court plus dans nos sens, elle est dans l'âme, elle est dans le cœur ; à l'amour de la courtisane succède l'amour de la patrie, Couture se transforme... comme la nation !

L'adroit artiste, qui a du flair, délaisse les orgies, il rêve un grand tableau patriotique : le *Départ des volontaires*. Mais Couture, qui a aussi de la paresse, attend que la république se fasse avant de créer son nouveau chef-d'œuvre ; Muller, son émule, qui *exécute* d'ordinaire tout ce que *rêve* Couture, fait pour lui : le *Départ des volontaires*.

Dans l'intervalle, Couture le fort, Couture l'ex-peintre des *décadences*, se fait le peintre de nos gloires nationales ; il esquisse à larges traits les portraits de *Georges Sand*, de *Béranger* et de *Lamartine* ; par malheur, les lauriers qui abritent ces fronts de libres penseurs se fanent plus vite que la rose du printemps. Lamartine n'est plus au pouvoir que Couture, qui rêvait un Lamartine en pied, n'en est encore qu'à un Lamartine en buste; il le laisse sur son buste, qu'il dissimule au milieu des nuages et s'en va saluer l'étoile du nouvel empire.

Mais Couture, qui a du flair, Couture, qui voit juste, prend son temps pour mettre de nouveau dans son *point noir*; il laisse passer, comme toujours, son émule, son ami Muller, qui avait fait pour lui *l'Appel des condamnés*, qui pour lui fait encore des tableaux impérialistes, comme il avait *créé* naguère le *Départ des volontaires*, et comme Gérôme fit plus tard, à sa place, le *Duel de Pierrot*!

Le premier peintre de notre époque n'arrive à temps aux Tuileries, toujours guidé par son flair, que pour exécuter le tableau du *Baptême du prince impérial*. Cette fois son point visuel le trompe : il ne met pas dans le *point noir*, il ne se met que le pinceau dans l'œil!

Le tableau du *Baptême du prince impérial* pourra servir au baptême d'un Napoléon V, s'il ne reste éternellement à faire comme tous les tableaux rêvés par notre premier peintre de l'époque.

Ne plaisantons plus : Couture est un tempérament, ses créations ont de la facture, de la grandeur; elles ne manquent ni de puissance, ni de vérité; si sa couleur est grise, son crayon est chaud, ses têtes pensent, ses chairs palpitent, tout parle haut et fort dans ses tableaux.

Si le malin Couture ne les achève pas, c'est autant par adresse que par égoïsme; pour dissimuler aux yeux du public ce qui manque à son tempérament; pour se donner le bonheur de rêver à ce qu'il pourrait faire. C'est un glorieux qui jouit de ses chefs-d'œuvre... à trouver; c'est un adroit qui enchaîne la fortune avec des ébauches qu'il fait achever par ses nombreux élèves.

Aujourd'hui Couture a assez produit pour sa renommée; et il n'a pas assez produit pour être contesté. C'est un fort, un malin qui a de l'adresse jusque dans ses extravagances de vanité.

—

COROT; Un tendre paysagiste, découvert autrefois par Théophile Gauthier, *l'optimiste*. Corot refait éternellement le vert tableau de l'éternel printemps : un arbre à gauche, une prairie au premier plan, un coin de ciel à droite. A la vue des paysages de Corot, le public a envie de crier, comme le marchand des quatre saisons : *A la tendresse, à la verdurette!* Le tendre Corot mourra d'un *vert* rentré.

—

CLAIRE-DEVILLE (SAINTE). — Un savant, un professeur de l'Institut; et ce qui vaut mieux, un inventeur. Sainte-Claire, — par sa découverte de l'*Aluminium*, — a sorti tout un monde de l'Argile. Par malheur, sa création est un peu grise, son métal est sec, cassant et terne. Grâce à un auguste patronage qui encouragea le créateur de ce métal argilineux, on crut que l'*Aluminium* allait servir à tout; aujourd'hui il n'est employé que dans les bronzes et pour les boutons de guêtre. L'orfévrerie et la bijouterie ont renoncé à ce métal depuis que sa soudure a raté.

A la disparition du grand Christofle du monde des orfèvres, le dieu Sainte-Claire et son prophète Morin, espéraient recueillir l'immense héritage qui, un jour ou l'autre, menace d'écraser le jeune Christofle, l'Enfant Dieu, sorti tout armé des mains du Jupiter de l'*Argenture!*

Le ciel ne l'a pas voulu, la soudure de l'aluminium a raté!... Peut-être parce qu'elle s'opérait... au baume de copahu? Peut-être parce que la principale fabrique d'aluminium, dirigée par Morin, se trouve à Nanterre, le pays des vierges, qui s'est vengé!

A ce propos, je me rappelle ces petits huitains envoyés à Morin, le bras droit de Sainte-Claire :

De l'aluminium de Nanterre,
Je ne crois plus à la vertu,
Depuis que, comme sa Rosière,
On l'estime un petit écu!

Si la fille d'Eve est fragile
L'aluminium l'est plus encor!
Car tous deux sortent de l'argile
Avant d'être aussi purs que l'or!

Et de Clair s'il est l'apanage,
Ce métal si cher à Morin,
En revanche il cause la rage
De Mourey qui le soude en vain.

Et si ce petit métal boude,
C'est qu'en dépit de sa vertu
On le vulgarise, on le soude
Par le baume de copahu!

CARRE (MICHEL). — Faiseur de livrets d'Opéra-Comique ; il emboîte le pas de son collaborateur Barbier, en le distançant. Il lui crie comme dans ses chœurs : « Marchons ! courons ! volons ! » Et Barbier court, vole... un peu comme les chanteurs d'opéra, sans trop bouger de place. Carré qui est plus *littéraire* que ne le comporte son métier de faiseur de vers... à musique, utilise le temps que lui laisse son immobile collaborateur à faire des rapports au comité de la société des auteurs dramatiques. Il était secrétaire rapporteur, lors de la fâcheuse scission *Laya et Ce*; son lumineux rapport devint une épée flamboyante dirigée, au profit des *Lazare* de l'art, contre les pharisiens *Layatistes*.

M. Carré laisse à abandonné à ces vaincus, un Monsieur de *Najac*, un ami des *Loyola* de la défunte ligue des *Layatistes*. Ah ! pourquoi Michel Carré est-il revenu à ses moutons, à ses poëmes lyriques? Que voulez-vous, Barbier travaille !

—

CLARETIE (JULES). — Place aux jeunes ! Claretie a répondu un des premiers à ce cri de guerre ; il est entré — à peine au sortir de l'enfance, — tout viril et tout victorieux, dans la Rome nouvelle ; cela n'étonnera personne, quand on saura que Claretie est Limousin, qu'il est né à côté de la patrie de *Vercingetorix !* Le jeune critique de l'*Opinion nationale*, l'auteur des *Montagnards*, est né en 1840 ; il débuta dans un journal qui s'appelait *Silhouette*, et qui eut trois numéros. Il continua ses premières armes dans le *Diogène*, puis sauta du tonneau du philosophe dans les salons du *Barbier*. Jules Claretie ne s'endormit pas sur les sofas capitonnés de la rue Rossini, il monta au journal l'*Avenir national*, avant de se fixer à l'*Opinion nationale*. Voilà pour ses étapes de journaliste, elles sont raides pour un écrivain qui compte à peine vingt-huit ans. Aussi, est-il... Limousin ?

Et les livres de Claretie, que j'oubliais ? Les *Misères de la vie*, les *Voyages d'un Parisien*, *Robert-Bruat*, *l'Assassin*, *Mademoiselle Cachemire*, les *derniers Montagnards*, enfin la *Libre parole* interdite, parce que le bouillant Claretie a toujours du sang limousin dans les veines, quoique Parisien d'*humeur*.

Claretie est ou était plutôt conférencier : dernièrement le jeune écrivain démocrate se proposait de parler d'un grand défenseur de la Liberté ; mais il reçut la visite d'un adversaire qui lui dit officieusement :

— Vous pouvez crosser les vivants au profit de vos illustres morts. Mais nous prévenons que nous destituons alors ceux des vôtres qui vivent de notre administration.

La conférence n'eût pas lieu. Et Claretie se tut dans l'intérêt des siens !

O Liberté, tu n'est qu'un vain mot !

Ce jeune Claretie a de la poésie, il en manque dans sa manière de vivre. Il reste rue *Paradis-Poissonnière*, enrubanne son adresse, à l'instar des marchands de porcelaine de ce quartier. Grattez l'homme de lettres... vous retrouverez le Limousin.

VICTOR HUGO.

PARIS — TYP. WALDER, RUE BONAPARTE, 44.

VICTOR HUGO. — Il n'est pas un jeune écrivain qui n'ait reçu du poëte une lettre à peu près ainsi conçue :

Monsieur,

« J'ai lu, j'ai dévoré votre beau livre. Vos admirables « vers m'ont fait verser des larmes. Ce sont autant « de rayons qui ont innondé les profondeurs de ma « nuit. Vous êtes deux fois béni, monsieur, comme « citoyen et comme poëte. Comme citoyen vous fou- « lez encore le sol de la patrie, lorsque j'erre sur le « sol d'exil. Comme poëte, vous êtes le soleil qui se « lève, lorsque je ne suis plus que le soleil qui se « couche : vous êtes plus poëte que moi.

« VICTOR HUGO. »

La plus spirituelle critique qui ait été faite de ces lettres adressées à tous les Barbanchus du continent, ç'a été celle de feu Charles Battaille à qui Hugo avait écrit : « J'ai lu votre beau livre, désormais vous ne « vous nommez plus *Bataille,* vous vous appelez *Vic- « toire !* »

Merci ! avait répondu Bataille, « Victoire, c'est le « nom de ma cuisinière ! »

Il ne faut pas trop rire de ces brevets de célébrité que le grand poëte adresse à tous les tartampions de la terre.

La louange est la rosée du génie. Le temps est déjà assez dur aux poëtes et aux écrivains; on ne saurait trop donner d'encouragements à la gloire, et rien n'est plus cher à ce prince de l'Art que les soldats de la pensée. Victor Hugo les considère comme ses enfants.

Un plus grand travers que l'on reproche à ce génie, ce sont ses prétendues tergiversations politiques.

Mais il ne faut pas oublier que Victor Hugo est poëte ; il voit par les yeux et par le cœur, dans ses hésitations, il faut reconnaître les hésitations même de son siècle ; après tout Victor Hugo est né d'une mère vendéenne et d'un père républicain.

Si le siècle a deux ans plus que lui, Victor Hugo, par son ardent amour pour le peuple, par ses vues profondes, par son culte adoré pour la justice, a cent ans de plus que son siècle.

On l'accuse d'être un exilé volontaire ; mais Hugo s'est exilé avec la liberté !

Du reste, toutes les œuvres du grand poëte, depuis *Han d'Islande* jusqu'à *Notre-Dame-de-Paris*, témoigne de son profond amour pour l'humanité ; quand il n'était que poëte, il sauvait Barbès de l'échafaud.

Depuis le drame du *Roi s'amuse*, jusqu'au drame de *Ruy-Blas*, Hugo s'est toujours élevé, à son insu peut-être, contre la forme monarchique.

Mais depuis 18 ans, Hugo est plus qu'un poëte, plus qu'un chef d'école ; c'est un apôtre qui se recueille dans l'exil, en attendant la première formule du siècle démocratique.

Hugo est placé sur son rocher de Guernesey comme un géant dont l'ombre se projette jusque sur toutes les petites grandeurs de la terre.

Quand le géant fait entendre sa voix prophétesse, lorsqu'il écrit ses livres des *Miserables*, des *Châtiments*, ou des *Travailleurs de la mer*, tous les *Grands* tressaillent, sa voix tonnante vengeresse, pleine de commisération pour les souffrances de l'humanité est la parole verbe de nos aspirations sociales !

Jeune, Victor Hugo s'était rapproché de la monarchie pour faire vivre en paix le peuple avec elle. Homme mûr, il s'est éloigné des vieux trônes vermoulus et ne veut donner au peuple qu'un seul maître : lui-même !

Chose singulière ! lorsque le poëte, par la pensée, devient révolutionnaire, après avoir été considéré comme monarchien aux yeux des vieux républicains, le poëte romantique, par la forme, redevient classique.

Par ce temps de douce littérature où le talent épigastrique des Sardou et des Belot, a tué l'inspiration, Victor Hugo reste un nouveau conservateur, un ferme gardien du grand et sublime langage.

Racine et Boileau sont vengés de ses premiers dédains.

Hugo classique et exilé, Hugo cloué à son rocher de Guesnesey, c'est Promethée condamné par tout ce qu'il avait voulu soumettre : Art, Littérature et Politique.

Cet apôtre de l'art s'est transformé en martyr de la foi : et l'exil qu'il se donne, la patrie qu'il pleure l'immortalisent encore.

Victor Hugo, c'est le génie exilé de la France.

—

CHIVOT (voir *Duru*).

—

COUAILHAC (Victor et Louis). — Ils ont vécu du *métier* et *du sacerdoce;* du journalisme et du théâtre. L'un faisait le compte rendu des chambres quand l'autre confectionnait des vaudevilles ; quand l'un reprenait la plume du vaudevilliste l'autre reprenait la plume du sténographe ; tous deux ont été un peu acteurs, un peu journalistes, un peu dramaturges. L'un est décoré, l'autre aspire à l'être. Ils le seront tous les deux... au retour des chambres.

—

BOYS (Jean du). — Il vit à la fois du second Théâtre-Français et des journaux à un sou : deux extrêmes qui se touchent de par la volonté de Jean du Boys, jeune disciple d'Apollon qui sacrifie sur l'autel de Mercure.

Comme pour Boisgobey, pour Bouvier, pour Zaccone, on peut lire le nom de *Jean du Boys* au bas de prospectus plus pharamineux que tous les programmes de la *Halle aux habits* ou du *Marquis le Guillois*.

Exemple :

« C'est dimanche que la *Petite Presse* commencera « cet émouvant récit : »

L'homme aux quatre femmes !
L'homme aux quatre femmes !
L'homme aux quatre femmes !

Ou :

Le guillotiné parlant !
Le guillotiné parlant !
Le guillotiné parlant !

Bientôt, au bas de ces titres *montés*, qui font concurrence aux prospectus du *Bon Diable*, de l'eau de *Mélisse des Carmes*, du *Punch Grassot*, on verra les noms de nos auteurs figurer à l'instar d'un *Dorsay* ou d'un ENGLAND.

Ainsi :

« C'est dimanche que *Jean Duboys* donnera, dans la *Petite Presse*, son fameux récit du *Décapité révélateur* ou de *Riquiqui le Forçat*. »

Lisez :

DUBOYS (Jean du).
DUBOYS (Jean du).
DUBOYS (Jean du).
DUBOYS (Jean du).

Déjà ne voyons-nous pas le nom de Timothée Trim enjamber un des premiers sur le terrain du puff? *Thomas Grimm*, son sosie, lui emboîter le pas dans cette course insensée sur le domaine de l'annonce burlesque.

O art! tu n'es plus qu'un vain mot? O Du Boys, jeune poëte, l'espoir du *Moniteur* et de la Comédie Française, deviez-vous faire concurrence à Timothée? Ah ! je n'aurais jamais cru cela de vous. Non ! je n'aurais jamais pu penser que vous eussiez empêché de dormir le docteur *Du Barry*, patron de la délicieuse *Revalescière* !

—

BOREL D'HAUTERIVE. — Un bon vivant, élève de l'école des Chartes ; écrivain de journaux de modes, fait des calembours au dessert.

BRUNNE (Claire). — Poétesse, ancienne prophétesse, ancienne belle femme, devenue *plantureuse* et bas-bleu à son retour d'âge. Il fut fortement question, lors de la présidence de Jules Simon, de l'asseoir à ses côtés pour représenter dignement la statue de la liberté aux puissantes mamelles; elle ne désespère pas encore d'arriver, entre le *Marat*-Hamel et le *Danton*-Chalamel : à la présidence de la République des lettres, brévetée par Gonzalès.

BOURGEOIS (Anicet). — Carcassier dramatique, doyen des ramasseurs d'épaves, plus littéraire que ne le comporte son lucratif métier. Il y a de l'or dans sa menue monnaie; ses énormes ficelles sont tressées avec des fils de soie. Les *Merci! mon Dieu!* les *Croix de ma mère*, sont parfilés de phrases élégantes et correctes; ses grosses machines enchâssent quelquefois de petits diamants.

Bourgeois (Anicet) est le seul qui ait emboîté le pas aux jeunes, au vicomte Rocambole, par exemple, quand les vieux de la vieille confrérie dramatique ne pouvaient plus les écraser! En sa qualité de *dramatique*, Anicet considère cependant chaque romancier comme une pâture.

Exemple : Un jour, en l'an 1840, Anicet ou son frère rencontre Frédéric Soulié. Du plus loin qu'il aperçoit l'auteur des *Mémoires du diable*, il lui crie :

— Beau succès que votre dernier roman, joli sujet de pièce!

— Alors, lui répond Soulié, faisons la pièce ensemble?

— Impossible, répond Anicet ou son frère. — Impossible, mon cher, je *la* fais avec *un autre*.

Cela se passait il y a trente ans, cela se passe de même en l'an 1870, de mêmes priviléges dramatiques. J'en prends à témoin M. Najac, confirmant contre *l'auteur du petit Vapereau* et des *Carrières D'Amérique*, une sentence arbitraire et arbitrale, émanant de la commission des *dramatiques*, peu sœur du comité des *gens de lettres*.

Anicet n'est pas aussi Turc que les Maures de la commission sus-nommée; pourtant il a commis plus de cinq cents mélodrames, et il est le plus vieux des janissaires. Après avoir débuté avec *Pain* et *Bouilly*, il a collaboré avec *Victor Ducange* et *Benjamin Antier*. Il a guidé les premiers pas de *d'Ennery* dans la carrière; aussi s'obstine-t-il à appeler le maire de Cabours, mon *néophyte*, mon *jeune* Adolphe! Anicet doit avoir cent ans.

—

BURTY (PHILIPPE). — Notre élève, notre adepte dans l'art appliqué à la décoration, quand nous travaillions à la *décoration* de celui qui a donné son nom à notre terre. Il écrivit son premier article dans notre revue: *l'Art au dix-neuvième siècle*. Il écrit aujourd'hui dans la *Liberté*, dans la *Presse*, partout, parce qu'il a toujours marché droit devant lui. Cet homme de goût est *arrivé*, sans s'arrêter aux boniments des saltimbanques de l'Art ou des cascadeuses de charité; il n'a jamais été « accroché » aux branches des saules pleureurs de l'art et de la littérature dont le *Petit Vapereau* a bien le droit, pour son argent, d'être le Mirecourt indépendant.

N'est-ce pas, ô Taylor?

CHALLAMEL (AUGUSTIN).—Socrate devenu bibliothécaire de Sainte-Geneviève, Socrate veuf de Xantippe et sans son fils Alcibiade. Il a la verve et l'ironie du philosophe grec; il a horreur des romanciers et de leurs jongleries *Troppmanesques*. C'est un sage, un libéral modéré, le bras droit de *Marat-Hamel*, et le bras gauche de *Barnaves-Gonzalès*. Il a écrit les *Mémoires du peuple Français*, la *Vie de Saint-Vincent de Paul*; il a écrit des histoires galantes! C'est un historien à la forme précise sous une pensée libérale et mordante. Challamel, Socrate de la vie privée des Français.

—

CARAGUEL (CLÉMENT). — Ancien Saint-Esprit de la vieille Trinité du *Charivari*, auteur de la comédie du *Bougeoir*, ami et second de Challamel. Quand Caraguel écrit, Challamel lit; quand Caraguel lit, Challamel écrit. Tous deux ont la même conscience et les mêmes pudeurs.

—

CHASLES (PHILARÈTE). — Bohémien de l'Institut, Latiniste de fantaisie, fait des cours auxquels on ne comprend rien, des critiques qui ne portent guère et des livres qui ne portent pas du tout!

—

CHATRIAN. — Il est Alsacien, *Erckmann* est Alsacien! Tous les Alsaciens sont des petits saints dans les beaux livres de ces frères Siamois, la fleur de l'Alsace littéraire; rien de Troppmann!

—

CHEVALIER (Michel). — Grand dignitaire, prince des économistes.

Tous les *Chevalier* de notre petit Vapereau ne sont pas des princes comme le grand Michel, l'ordonnateur de nos expositions quinquennales !

Si j'étais écrivain sérieux, je demanderais au prince des économistes, qui a l'honneur d'être sénateur, comme le baron Taylor, pourquoi nos grandes expositions dégénèrent en bazars de voyage, en foires aux jambons ou aux pains d'épices ?

Je répondrais à ce prince, moi l'obscur et inutile homme de lettres, que c'est : « Parce que, à l'encontre du moyen âge et de toutes les époques barbares, il n'y avait pas d'économiste pour prouver que Molière n'est rien et que le livre de Molière est tout, que l'éditeur est tout et que l'homme de lettres n'est rien !... » Oh ! là ! là ! où vais-je, pardon ! M. Michel Chevalier, pardon ! M. Michel Lévy ! pardonnez-moi, ô vous, les mères Michel de l'industrie ! J'ai oublié que M. Dumas fils échangerait sa couronne de lauriers contre la médaille d'or que vous décernez, tous les cinq ans, au premier inventeur venu ou vénal, fabricant de corsets ou de biberons ; et je passe à d'autres *Chevaliers*, à d'autres *inutiles*.

—

CHEVALIER (Théodore). — Architecte. Il n'a pas construit l'Opéra, ce Palais-Piédestal, marbré et doré par le procédé Ruolz, un palais de confiseur ! Quant à vous, ô Théodore ! je ne vous connais pas !

—

CHEVALIER (Charles) peintre. — Peintre de quoi ?

—

CHEVALIER (Henri). — Marchand... de lunettes !

—

CHEVALIER (Émile) — Membre de la Société des gens de lettres. Pourquoi faire ?

—

CHEVALIER H.- (Émile). — Auteur des *Pieds noirs* Un fier Bourguignon, revenu d'Amérique en libre penseur; il a fondé, au Nouveau-Monde, des livres et des revues qui l'ont rompu. Il a édité en France des livres qui ont fait la fortune de leurs placiers. L'auteur des *Nez percés* et des *Trois Babylones* (avec moi), a trop d'imagination pour être un commerçant; il est trop commerçant pour ne pas compromettre parfois son imagination. Sa vive activité lui fait perdre le flair. C'est le contraire de son émule, de son concurrent, de son rival, Gustave Aymard. Gustave a la popularité que mériterait Émile, Émile écrit comme n'écrira jamais Gustave.

—

COQUILLE (François). Le Porte-Encens, l'enfant de chœur du père Veuillot.

COMMERSON (Auguste) : Pas décoré, l'inventeur du *Tintamarre*, pas plus que Paul de Kock, son frère en joyeuse humeur. Voyez-vous ce petit homme qui trottine sous son chapeau mélancolique, et frisant sa mèche ? Regardez ce front aux grosses veines, en forme de fourche; ces traits diaboliques, ce visage sinistre comme celui d'un croque-mort, et qui semble couver une pensée de suicide, c'est... devinez?... Eh bien! c'est lui, Auguste, c'est Commerson, le seul, l'unique fondateur du *Tintamarre*, premier journal pour rire, comme le *Journal des Débats* est le premier des journaux politiques.

—

COUSSOT (Aimé-Charles-Louis-Marcel). — Double homme de lettres, employé à l'administration des postes, dans la section du *matériel*. Une remarque à faire, tous les hommes de lettres *employés* sont employés au... *matériel*; raillerie du destin!

Coussot, quoique fils de notaire et employé des Postes, a écrit dans une foule de revues, il est l'auteur de nouvelles charmantes, entre autres : de *Maître Aulin*, *le Ménétrier*, une perle du journal *la Sylphide*. Il est une des plus fortes colonnes du journal *l'Illustration militaire*; il y a publié *Madame Fantassin*, l'histoire de la plus amoureuse des *cantinières*, récit à faire venir l'eau à la bouche au chauvin... le plus Joseph! Homme de lettres, attaché aux Postes, Coussot écrit naturellement dans le *Journal des Postes*.

—

CHAM, fils du comte Noé, esprit humoristique, fantaisiste entraînant. Il improvise des saynettes entre deux traits de crayon; il écrit comme il dessine, avec un pétard au bout de sa plume ou de sa mine de plomb. C'est le Daumier, en miniature, du *Charivari*.

—

Les frères :
CHOLER,
COGNIARD,

Ils sont loin d'être des frères... ennemis, ces frères *Davemport*, en ficelles dramatiques! souvent, ils se *dédoublent* malgré les liens du sang, quand les chefs de cuisine... théâtrale ne leur permettent plus de mettre leurs œufs dans le même panier, leur poule dans le même pot : je n'en dis pas plus long et je passe aux :

—

CHOLER. — Je ne connais que le *Choler* au carreau dans l'œil; l'autre m'est inconnu. L'homme au *carreau* a pourtant la vue longue! Il voit du Palais-Royal et de la rue de Madame, au boulevard de Sébastopol; du théâtre *Montansier à Bobino* et au théâtre des *Menus-Plaisirs*. Est-ce que l'autre Choler serait rendu invisible par ce pouvoir du lorgnon de son frère? Est-ce que ce lorgnon aurait le don accordé au Lorgnon de feu madame de Girardin? Alors pourquoi ne fait-il pas découvrir aux deux Choler ce qui manque encore à leurs pièces, du trait, du mordant et de l'originalité?

—

COGNIARD (Théodore et Hippolyte), auteurs des *Biches*, revues, embellies, *considérablement* diminuées au profit des *Biches* à deux pieds et des *trucs* à surprises! Les biches ont compromis l'art, le goût, jusqu'à la fortune de ceux-là qu'elles avaient d'abord enrichis. Monsieur Marc-Fournier, condamné à la *Biche à perpétuité*, a vidé son sac rempli d'abord par lesdites biches.

Le public, fatigué, rassasié de ces biches, a envoyé à tous les diables et renvoyé à tous les syndics, acteurs, auteurs et directeurs des féeries... aux biches!

Tout a sombré sous leurs trucs, jusqu'à M. Marc-Fournier, un poëte, un véritable homme d'esprit converti aux bêtes.

C'est la faute aux Cogniard !

A force de prouver qu'Apollon est un niais en se faisant voler ses bœufs par Mercure, tous les Apollons comme Marc-Fournier ont voulu devenir... des dieux du commerce. Ils ont été plus *simples* en se mettant dans la peau du renard, que s'ils étaient restés dans leur propre peau... de lion ! Mieux vaut mourir, à l'exemple de Louis Lurine, l'ancien directeur du Vaudeville, sur les ruines de l'Art, comme le capitaine du *Vengeur* que de s'éteindre comme Marc-Fournier... en portier des administrateurs de... féeries à bêtes !

Mais je m'aperçois que j'oublie les Cogniard, les heureux auteurs de la *Fille de l'air*, des *Enfants du délire*, de *la Cocarde tricolore*, de *Paris en* 1841 *et Paris en* 1941, de *la Biche!!!* et de cent autres pièces.

Messieurs Théodore et Hippolyte Cogniard sont d'habiles metteurs en scène; depuis trente ans ils ont suivi, de leur esprit adroit et fécond, le niveau de l'art dramatique; le comblant par ci, l'abaissant par là ! Quelquefois, ils ont été prophètes... *Paris en* 1841 *et en* 1941 est une prophétie qui annonce la venue de M. Haussmann; mais c'est une prophétie à la Mathieu Lansberg et qui ne compromet personne !

Incapables de passionner, MM. Cogniard, à l'exemple de Clairville, ont essayé de plaire et y ont réussi! Quand la dépravation du goût est arrivée, ils ont suivi... le monde. Ils ont été de leur temps, comme en 1830, quand avec la *Cocarde tricolore* et *Bruno le fleur* ils se faisaient les interprètes de l'honneur militaire et de l'esprit populaire. Élevés sur les planches, ils ont su s'en servir; ils les ont même trop usées! aussi leurs successeurs, ont-ils sombré sur leurs planches, déjà avariées!

Aujourd'hui, les Cogniard voudraient bien arrêter le mouvement fatal... aux auteurs eux mêmes. Il se sont fait pour cela les directeurs du théâtre du *Château-d'Eau* et ont joué du *Cadol*... Mais la féerie! Mais les syndics de faillite de la *Société nantaise* et de *ses droits réunis!* Après tout cela ne me regarde pas ni ne concerne pas non plus les frères Cogniard, les heureux auteurs de la *Biche*, des malins qui ont joué avec le feu sans s'y brûler les doigts!

—

CRÉMIEUX. — L'homme le plus laid de France: Ange de laideur et démon de l'esprit. Il a trop d'esprit ce républicain sceptique. Aussi avec des principes inébranlables, n'a-t-il pas moins compromis la république; ministre de la Justice en 1848, il a conservé à sa république la magistrature de la royauté; la magistrature ne lui a pas pardonné de lui avoir cassé son *inamovibilité*! Trop d'esprit pour avoir de foi, trop d'honnêteté pour n'avoir pas de conscience, Cremieux bourgeois de l'opposition n'est qu'une arme agréable; il ne faut pas s'en faire une arme de guerre: C'est un fusil qui rate!

Nous donnerons à notre prochaine livraison le portrait de **BISMARK**, le génie posthume de Machiavel, le génie du meurtre.

EN VENTE A LA MÊME LIBRAIRIE :

PLUTARQUE POPULAIRE CONTEMPORAIN

ILLUSTRÉ

44 ÉTUDES BIOGRAPHIQUES, HISTORIQUES, ANECDOTIQUES

SUR LES HOMMES DU JOUR.

ACCOMPAGNÉES DE PORTRAITS ET DE GRAVURES.

Biographies de **BARBES, — ROUHER, — MONTALEMBERT, — HENRI ROCHEFORT, — F.-V. RASPAIL, — LEDRU-ROLLIN, — GAMBETTA, VICTOR HUGO, — FÉLIX PYAT, — FORCADE LA ROQUETTE, — D. BANCEL, — V. DURUY, — ERNEST PICARD, — EDMOND ABOUT, — CRÉMIEUX, — ÉMILE OLLIVIER, — EUGÈNE PELLETAN, — EMMANUEL ARAGO, — GARIBALDI, — JULES FAVRE, — JULES SIMON, — HAUSSMANN, — MAZZINI, — JULES FERRY, — LE PÈRE HYACINTHE, — GLAIS-BIZOIN, — AUGUSTE BLANQUI, — DROUYN DE L'HUYS, — LOUIS BLANC, — VICTOR SCHOELCHER, — GEORGE SAND, — ERNEST RENAN, — AUGUSTE BARBIER, — GARNIER-PAGÈS, — JULES MIOT, — GUSTAVE FLOURENS, — MICHELET, — A. THIERS, — GIRAULT, — EDGAR QUINET, — BISMARK, — LE GÉNÉRAL GRANT, — ALPHONSE ESQUIROS, — HENRI MARTIN.**

TEXTE PAR

MM. Jules Claretie, — G. Guillemot, — Henri Maret, — Tony Révillon, — Mario Proth, — Léon Guillet, — A. Challamel, — T. Labourieu, — J. Lemer, — Victor Cosse, — Jean Lux, — Léon Vidal, — Eug. Carlos, — A. Tell, — J.-B. Raymond, — J. Sorel, etc.

Un beau vol. gr. in-8° *Pittoresque*, contenant 42 portraits ou gravures, 4 fr. 50 c.

On peut se procurer le PLUTARQUE POPULAIRE chez tous les libraires vendeurs de l'ÉCLIPSE, soit en un volume, soit par séries dont trois à 1 fr. 10 c., et une à 1 fr. 40, soit par 43 livraisons à 10 c., contenant chacune un portrait ou une gravure et 12 colonnes de texte.

Pour recevoir le volume à domicile, franco par la poste, envoyer 5 f. en un mandat de poste ou en timbres-poste à la LIBRAIRIE CENTRALE, 9, rue Christine, à Paris.

Paris. — Imprimerie Walder, rue Bonaparte, 44

www.ingramcontent.com/pod-product-compliance
Ingram Content Group UK Ltd.
Pitfield, Milton Keynes, MK11 3LW, UK
UKHW020928180726
13838UKWH00002B/816